CÓMO
MEDITAR

Si este libro le ha interesado y desea que lo mantengamos
informado de nuestras publicaciones, puede escribirnos a
comunicacion@editorialsirio.com,
o bien registrarse en nuestra página web:
www.editorialsirio.com

Título original: How to Meditate
Traducido del inglés por Rocío Moriones Alonso
Diseño de portada: Editorial Sirio, S.A.

©   de la edición original
     2013 Pema Chödrön

©   de la presente edición
     EDITORIAL SIRIO, S.A.

EDITORIAL SIRIO, S.A.	NIRVANA LIBROS S.A. DE C.V.	ED. SIRIO ARGENTINA
C/ Rosa de los Vientos, 64	Camino a Minas, 501	C/ Paracas 59
Pol. Ind. El Viso	Bodega nº 8,	1275- Capital Federal
29006-Málaga	Col. Lomas de Becerra	Buenos Aires
España	Del.: Alvaro Obregón	(Argentina)
	México D.F., 01280	

www.editorialsirio.com
sirio@editorialsirio.com

I.S.B.N.: 978-84-7808-940-6
Depósito Legal: MA-1766-2013

Impreso en Imagraf

PEMA CHÖDRÖN

CÓMO
MEDITAR

Y SER AL MISMO TIEMPO
UN BUEN AMIGO DE TU MENTE

editorial Sirio

INTRODUCCIÓN
VIVIR PLENAMENTE

El principio del ahora es muy importante en el momento de realizar cualquier esfuerzo para establecer una sociedad iluminada. Puede que te preguntes cuál es la mejor manera de ayudar a la sociedad y cómo puedes saber que lo que estás haciendo es auténtico y positivo. La única respuesta es el ahora. La forma de relajarse o de relajar la mente en el ahora es mediante la práctica de la meditación. En la meditación empleas un enfoque imparcial. Dejas que las cosas sean tal como son, sin juzgarlas, y de ese modo tú mismo aprendes a ser.

CHOGYAM TRUNGPA RINPOCHE

La mente es en verdad desenfrenada. La experiencia humana está llena de sucesos imprevisibles y paradojas, alegrías y tristezas, éxitos y fracasos. En el vasto terreno de nuestra existencia no podemos huir de ninguna de estas experiencias. En parte eso es lo que hace que la vida sea magnífica, pero también es la causa de que nuestras mentes nos tengan enloquecidos. Si a través de la meditación podemos ejercitarnos para ser más abiertos con el amplio abanico que nos brinda nuestra experiencia y para aceptarla más, si podemos ahondar en las dificultades de la vida y el discurrir de nuestra mente, estaremos más asentados y relajados en medio de lo que la vida nos ofrezca.

Hay muchas formas de trabajar con la mente. Una de las más efectivas es a través de la meditación en postura sentada. Esta meditación nos abre a cada uno de los momentos —totalmente únicos y desconocidos— de nuestras vidas. Nuestro mundo mental es en apariencia predecible. Creemos que el hecho de pensar en todos los acontecimientos y tareas por hacer de nuestra vida nos proporcionará seguridad. Pero eso es una fantasía, y este mismo instante, libre de toda capa conceptual, es completamente único, totalmente desconocido. Nunca antes hemos experimentado este momento, y el siguiente ya no será igual a este en el que te encuentras ahora. La meditación nos enseña a relacionarnos con la vida directamente para que seamos capaces de experimentar realmente el momento presente.

Si observamos el *dharma* —en otras palabras, las enseñanzas de Buda, la verdad de lo que es—, vemos que el objetivo de la práctica de la meditación es eliminar el sufrimiento. Quizás por ese motivo muchas personas se sienten atraídas hacia la meditación, porque generalmente no se sientan a meditar a no ser que haya algo que les esté preocupando. Sin embargo, las enseñanzas de Buda no tratan de eliminar únicamente los síntomas del sufrimiento, sino la *causa*, o la raíz, de ese sufrimiento. Buda dijo: «Solo enseño una cosa: el sufrimiento y el cese del sufrimiento».

En este libro quiero hacer hincapié en que la raíz del sufrimiento es la *mente*: nuestra mente. Y lo mismo puede decirse de la raíz de la felicidad. El sabio Shantideva, en el *Bodhicaryavatara*, al hablar sobre el sufrimiento, ofreció una famosa analogía de cómo intentamos aliviarlo. Dijo que si caminas por la tierra y te hace daño en los pies, puede que quieras cubrir toda la tierra de pieles, para que no te vuelva a hacer daño. Pero ¿dónde vamos a encontrar tanta cantidad de piel? Es mejor que simplemente te envuelvas los pies en un trozo de piel. De esa forma, será como si hubieras cubierto toda la tierra, y estarás protegido.

En otras palabras, puedes intentar indefinidamente dejar de sufrir ocupándote de las circunstancias exteriores. Eso es lo que hacemos todos normalmente, el enfoque habitual: tratar de resolver el problema exterior una y otra vez. Sin embargo, Buda dijo algo bastante revolucionario, que por desgracia la mayoría de nosotros no nos creemos: si trabajas con tu mente, aliviarás todo el sufrimiento que parece provenir del mundo que te rodea.

Cuando algo te está molestando —una persona que te fastidia, una situación que te irrita o un dolor físico que te incomoda—, debes trabajar con la mente, y eso se hace a través de la meditación. Trabajar con la propia mente es la única manera de empezar a ser felices y a sentirnos satisfechos con el mundo en el que vivimos.

Hay que hacer una distinción importante sobre la palabra «sufrimiento». Cuando Buda dijo: «Solo enseño una cosa: el sufrimiento y el cese del sufrimiento», utilizó el término *dukkha* para referirse al sufrimiento. *Dukkha* es distinto que dolor. El dolor es una parte inevitable de la vida humana, como lo es el placer. El dolor y el placer se alternan, y son parte inherente de todo aquel que tiene un cuerpo y una mente, que vive y nace en este mundo.

Buda no dijo: «Solo enseño una cosa: el dolor y el cese del dolor». Él aseguraba que el dolor *existe*. Es necesario crecer y madurar para aceptar el hecho de que en tu vida habrá dolor. No vas a alcanzar el punto en el que si un ser querido muere, no vayas a sentir pena o si te caes por un tramo de las escaleras, no te vayas a hacer ningún rasguño. A medida que envejezcas, te dolerá la espalda y puede que también las rodillas. Es inevitable.

Incluso los meditadores más avanzados sufren cambios de humor. El tipo de energía que se mueve a través de las personas —las energías más densas u opresivas que denominamos depresión, miedo o ansiedad— discurre por todos los seres, al igual que cambia el tiempo cada día. Del mismo modo, nuestro tiempo atmosférico interior no hace más que variar, ya estemos completamente iluminados o no. Y la cuestión es cómo trabajar con ello. ¿Necesitamos identificarnos con eso y dejarnos llevar por eso?

Dukkha, que también se traduce como «insatisfacción» o «nunca satisfecho», se mantiene vivo al estar continuamente descontentos con la realidad de la condición humana, lo cual significa estar continuamente contrariados con el hecho de que lo agradable y lo desagradable son parte inherente de la existencia. Hay una fuerte tendencia por parte de todos los seres vivos a querer que las sensaciones positivas lo llenen todo. Cuando surge algún tipo de dolor —desagradable, incómodo, inseguro— , queremos escapar de él, queremos evitarlo. Por eso nos dirigimos a la meditación.

¿POR QUÉ MEDITAR?

No meditamos para estar cómodos. En otras palabras, no meditamos para *sentirnos bien* siempre, todo el tiempo. Me estoy imaginando que te sorprenderá leer esto, ya que mucha gente se dirige a la meditación simplemente para «sentirse bien». No obstante, te alegrará saber que el propósito de la meditación tampoco es sentirse mal. Más bien, la meditación nos ofrece la oportunidad de mantener una atención abierta y compasiva hacia todo lo que ocurre.

El espacio meditativo es como el cielo abierto: amplísimo, lo suficientemente vasto para acomodar cualquier cosa que surja. En la meditación, nuestros pensamientos y emociones se pueden convertir en una especie de nubes que se detienen y luego pasan de largo. Lo bueno, lo cómodo y lo agradable, lo difícil y lo doloroso: todo esto viene y se va. De modo que la esencia de la meditación consiste en ejercitarse en algo que es bastante radical y que, sin duda, no constituye nuestro patrón habitual, es decir, estar con nosotros mismos pase lo que pase, sin poner etiquetas de bueno o malo, correcto o incorrecto, puro o impuro.

Si la meditación consistiera solo en sentirse bien (y yo creo que en el fondo todos esperamos que esa sea su función), con frecuencia sentiríamos que lo debemos de estar haciendo mal porque, en ocasiones, puede ser una práctica muy difícil. Una experiencia muy común en el meditador, en un día típico, o en un retiro típico, es la de aburrimiento, intranquilidad, dolor de espalda y de rodillas, incluso «dolor de mente»: demasiadas experiencias de «no sentirse bien». No obstante, la meditación consiste en una apertura compasiva y en la habilidad de permanecer con uno mismo y con su propia situación a través de todo tipo de experiencias. En esta práctica estás abierto a todo lo que la vida te presenta. Consiste en tocar la tierra y volver a estar aquí mismo. A pesar de que hay algunos tipos de meditación cuyo objetivo es alcanzar estados especiales y, en cierto modo, trascender o elevarse más allá de las dificultades de la vida, el que he practicado yo y estoy enseñando aquí consiste en despertar completamente a nuestra vida, tal y como esta es, y abrir el corazón y la mente a las dificultades y alegrías que nos proporciona. Y los frutos de este tipo de meditación son ilimitados.

A medida que meditamos, alimentamos cinco cualidades que empiezan a surgir a lo largo de los meses y años de práctica. Puede que te resulte útil reconectar con ellas cuando te preguntas a ti mismo: «¿Por qué estoy meditando?». La primera cualidad –que responde a la pregunta ¿qué estamos haciendo cuando meditamos?– es la solidez: estamos cultivando y nutriendo una solidez con nosotros mismos. Una vez estaba hablando con una mujer sobre esto y me preguntó: «¿Esta solidez es algo así como lealtad? ¿A qué estamos siendo leales?». A través de la meditación desarrollamos una lealtad hacia nosotros mismos, que se traduce inmediatamente en lealtad a la propia experiencia vital.

La solidez significa que cuando te sientas a meditar y te permites experimentar lo que está ocurriendo en ese momento –que puede que sea tu mente, que está yendo a mil kilómetros por hora; el cuerpo, que te pica; la cabeza, que te retumba; el corazón, lleno de miedo, o cualquier cosa que surja–, permaneces con la experiencia. Eso es todo. Tal vez a veces te sientas a meditar durante una hora y nada mejora. En ese caso, puede que digas: «He tenido una *mala* sesión de meditación». No obstante, el simple deseo de sentarse ahí durante diez minutos o una hora –sin que importe el tiempo que estuvieras sentado–, es un gesto compasivo que te permite desarrollar lealtad o solidez contigo mismo.

Tenemos tendencia a etiquetar o juzgar lo que está ocurriendo. La solidez, la lealtad a ti mismo, significa abandonar esas opiniones. De modo que, en cierta manera, parte de la solidez consiste en que, cuando notas que la mente te va a mil por hora y estás pensando en mil cosas, se produce ese momento natural sin ningún esfuerzo: permaneces con tu experiencia. En la meditación desarrollas esta nutriente capacidad de lealtad, solidez y perseverancia hacia ti mismo. Y a medida que aprendamos a desarrollarlas en la meditación, seremos más capaces de perseverar en todo tipo de situaciones fuera de ella.

La segunda cualidad que generamos en la meditación, similar a la solidez, es la visión clara, a veces denominada conciencia clara. A través de la meditación adquirimos la habilidad de liberarnos cuando nos vemos a nosotros mismos atrapados en una situación, endurecidos ante determinadas circunstancias o personas, o cerrados a la vida. Comenzamos a ver el principio de una cadena neurótica de reacciones que limita nuestra habilidad para experimentar alegría o conectar con los demás. Pensarás que por el hecho de estar sentados en meditación, tan tranquilos y quietos, concentrándonos en la respiración, no vamos a notar demasiadas cosas. Pero en realidad ocurre lo contrario. Al desarrollar esa solidez, al aprender a estar en meditación, le abrimos paso a una claridad imparcial, que no juzga, que se limita a observar. Los pensamientos y las emociones llegan, y los podemos ver cada vez más claramente.

En la meditación te vas acercando y entendiéndote cada vez más a ti mismo. Empiezas a ver con claridad, sin ningún análisis conceptual, porque con la práctica frecuente eres consciente de lo que siempre estás haciendo una y otra vez. Ves que no haces más que poner en tu mente el mismo programa de siempre. Puede que cambies de pareja o de jefe, pero los temas son bastante repetitivos. La meditación nos ayuda a vernos claramente a nosotros mismos y los patrones habituales que limitan nuestras vidas. Gracias a ella, empiezas a ver tus opiniones y tus juicios claramente. Te haces consciente de tus mecanismos de defensa. La meditación profundiza la comprensión que tienes de ti mismo.

La tercera cualidad que cultivamos en la meditación es una a la que en realidad he estado aludiendo cuando he hablado tanto de la solidez como de la visión clara, y ocurre cuando nos permitimos a nosotros mismos sentarnos a meditar con nuestra angustia emocional. Creo que es realmente importante plantear esto como una cualidad separada que desarrollamos con la práctica, porque, con frecuencia, cuando experimentamos angustia emocional en la meditación (y es algo que te sucederá), sentimos que «lo estamos haciendo mal». De modo que la tercera cualidad es el cultivo gradual de la valentía (y aquí la palabra «gradual» es muy importante, ya que puede tratarse de un proceso lento). Con el tiempo te descubrirás a ti mismo desarrollando la valentía para experimentar tu incomodidad emocional, además de las pruebas y los problemas que la vida te presenta.

La meditación es un proceso transformador, más que un maquillaje mágico con el que tratamos obstinadamente de cambiar algo de nosotros mismos. Cuanto más la practicamos, más abiertos estamos y más valentía desarrollamos en nuestras vidas. En la meditación nunca sientes que «lo conseguiste» o que «has llegado», sino que te las relajado lo suficiente para experimentar lo que siempre estuvo en tu interior. A veces denomino a este proceso transformador «gracia», porque en esta valentía que logramos, en la que permitimos que sucedan toda una variedad de emociones, podemos sentirnos golpeados con momentos de visión que nunca habrías tenido por el mero hecho de intentar descubrir conceptualmente qué es lo que va mal en ti o en el mundo. Surgen por el mero hecho de sentarse a meditar, que es algo que requiere valentía, una valentía que aumenta con el tiempo. Al desarrollar esta valentía con frecuencia somos recompensados con un cambio en nuestra visión del mundo, por pequeño que sea. La meditación te permite ver algo completamente nuevo que nunca habías visto antes, entender algo que nunca habías entendido. A veces llamamos «bendiciones» a estos dones que se nos ofrecen. En la meditación aprendes a salir de ti mismo lo suficiente para que se manifieste tu propia sabiduría, porque ya no la estás reprimiendo.

Cuando desarrollas la valentía de experimentar tu angustia emocional en su nivel más difícil y te limitas a sentarte con ella en la meditación, te das cuenta de todo el consuelo y la seguridad que obtienes de tu mundo mental. Porque, al llegar a este punto, cuando hay mucha emoción, empiezas realmente a entrar en contacto con el sentimiento, la energía subyacente, de tus emociones. Como vas a aprender en este libro, empiezas a abandonar todo lo posible las palabras y te limitas a permanecer sentado. Entonces te haces consciente de que, aunque te parezca incómodo, aunque quieras apartarte de ellas, te sientes obligado a continuar reviviendo el recuerdo de tus emociones. Puede que descubras que con frecuencia fantaseas sobre algo placentero. Y el secreto es que, en realidad, no *queremos* hacer nada de eso. Una parte de nosotros desea totalmente despertar y abrirse. El ser humano quiere sentirse más vivo y despertar a la vida, pero a su vez no se siente cómodo con la cualidad transitoria y cambiante de la energía de la realidad. Por decirlo de un modo sencillo, una gran parte de nosotros *prefiere* realmente la comodidad de nuestras fantasías y planes mentales, y por eso resulta tan difícil esta práctica. De manera que el hecho de experimentar nuestra angustia emocional y todas las cualidades que hasta el momento hemos desarrollado —solidez, visión clara, valentía— sacude nuestros patrones habituales. La meditación consiste en aflojar nuestro condicionamiento, el modo en que nos sostenemos a nosotros mismos, el modo en que perpetuamos nuestro sufrimiento.

La cuarta cualidad que desarrollamos en la meditación es algo a lo que me he estado refiriendo todo el tiempo: la habilidad de despertar a nuestra vida, a cada momento, tal como es. Esa es la verdadera esencia de la meditación. Le prestamos atención a este preciso instante. Aprendemos a estar aquí. ¡Y ofrecemos mucha resistencia al hecho de estar aquí! Al principio, cuando empecé a practicar, pensaba que no servía para eso. Tardé un tiempo en darme cuenta de que ofrecía mucha resistencia al hecho de estar aquí y ahora. Prestarle atención a este preciso instante no nos proporciona ningún tipo de certeza o de predicción. Sin embargo, cuando aprendemos a relajarnos en el momento presente, aprendemos a relajarnos en lo desconocido. La vida nunca es predecible. Puedes decir: «¡Me gusta la impredecibilidad!», pero solo hasta cierto punto, mientras sea más o menos divertida o aventurera. Tengo un montón de familiares que realizan actividades como *puenting*; de hecho, todos mis nietos, especialmente mis nietas. A veces, cuando pienso en ello, siento pavor. Pero todo el mundo, incluso mis familiares salvajes, descubre su límite. Y a veces, los más aventureros descubrimos nuestro límite en los lugares más extraños, como por ejemplo cuando no podemos conseguir una buena taza de café. Estamos deseando tirarnos bocabajo por un puente, pero nos enfadamos muchísimo si no podemos conseguir una buena taza de café. Este simple hecho puede ser para algunos, quizás para ti, el límite en el que pasas a un terreno incómodo e incierto.

De modo que ese lugar en que descubrimos nuestro límite, en que aceptamos el momento presente y lo desconocido, para la persona que desea despertar y abrir su corazón y su mente, es un lugar muy poderoso. El momento presente es el fuego generador de nuestra meditación, lo que nos impulsa hacia la transformación. En otras palabras, el momento presente es la gasolina de nuestro viaje personal. La meditación nos ayuda a encontrar nuestro límite, a alzarte contra él y a deshacerte de él. El hecho de encontrarse con lo desconocido del momento te permite vivir tu vida, y abordar tus relaciones y compromisos de forma más plena. En eso consiste vivir plenamente.

La meditación es revolucionaria porque no se trata de un lugar final de descanso: puedes permanecer mucho tiempo asentado en ella. Por eso continúo practicándola año tras año. Si al mirar atrás no tuviera la sensación de que se estuviera produciendo una transformación, si no reconociera que tengo la sensación de estar más asentada y de ser más sensible, sería bastante desalentador. Pero *existe* esa sensación. Y siempre hay algún otro reto, lo que nos hace seguir siendo humildes. La vida te baja de tu pedestal. Siempre podemos trabajar para encontrar lo desconocido desde un espacio más asentado y con un corazón más abierto. Nos ocurre a todos nosotros. Crees que ya lo tienes todo y que tu vida es estupenda, y de repente algo te zarandea y hace temblar tus cimientos.

Por ejemplo, ahora estás empezando a leer un libro sobre cómo meditar escrito por una «monja budista». Sin embargo, debes saber que hay cosas que me hacen convertirme en una «niña mimada». Después de años de meditación, yo también tengo momentos en los que me cuesta estar en el momento presente. No hace mucho viajé sola con mi nieta, que entonces tenía seis años. Fue una experiencia vergonzosa porque no se estaba comportando demasiado bien. No hacía más que decir «no» a todo, y todo me salía mal con ese angelito al que adoro. De modo que le dije: «Muy bien, Alexandria, pero que esto quede solo entre tú y la abuela, ¿vale? No le vas a contar a nadie lo que ha pasado, ¿a que no? Te acuerdas de todas esas fotos que has visto de la abuela en la portada de los libros, ¿no? Bueno, pues no le cuentes nada de esto a ninguna persona que veas llevando un libro de esos».

Lo que ocurre es que resulta embarazoso que derrumben tu cubierta. Al meditar, sigue siendo tan embarazoso como antes, pero te alegra descubrir dónde sigues apegada, ya que te gustaría abandonar este mundo sin más sorpresas. No quieres encontrarte en tu lecho de muerte, cuando te pensabas que eras santa fulanita, y descubrir que la enfermera te saca de quicio y te provoca frustración e ira. No solo mueres enfadada con la enfermera, sino desilusionada de todo tu ser. De modo que si me preguntas por qué meditamos, te diré que lo hacemos para ser más flexibles y tolerantes con el momento presente. *Puede* que estés enfadada con la enfermera cuando te estés muriendo, y digas: «Bueno, así es la vida». Dejas que pase a través de ti y te sientes tranquilo. Y afortunadamente, puedes incluso morir riéndote. Tuviste suerte de que te tocara esa enfermera. Piensas: «¡Vaya, tiene gracia la cosa!». A las personas que eliminan nuestra cubierta las llamamos «gurús».

La última cualidad relacionada con el hecho de por qué meditamos es lo que yo denomino «no tiene importancia». Es a lo que me refiero cuando digo «ser flexible» al momento presente. Sí, con la meditación puedes experimentar un enfoque profundo, o la extraordinaria sensación de la gracia, la bendición, una gran transformación o una valentía recién descubierta, pero entonces *no tiene importancia*. Estás en el lecho de muerte, y tienes a tu lado a esta enfermera que te está poniendo de los nervios... y te resulta divertido, *no tiene importancia*.

Esta fue una de las mayores enseñanzas de mi maestro, Chogyam Tungpa Rinpoche: *no tiene importancia*. Recuerdo que una vez acudí a él con lo que creía que era una gran experiencia de meditación. Estaba emocionada, y mientras se lo estaba contando, él tenía una *mirada*... Era una especie de mirada indescriptible, muy abierta. No la podías considerar ni compasiva, ni sentenciosa, ni nada de eso. Y mientras se lo iba contando, me tocó la mano y me dijo: «No tiene... importancia...». No estaba diciendo «malo» ni estaba diciendo «bueno». Estaba diciendo: «Esas cosas pasan, y pueden transformar tu vida, pero, al mismo tiempo, no les des tanta importancia porque eso te lleva a la arrogancia y al orgullo o a sentirte especial». El hecho de darles demasiada importancia a las dificultades te conduce a la pobreza y a una baja opinión de ti mismo, a la autodenigración. De modo que la meditación nos ayuda a cultivar esa sensación de *no tiene importancia*, no como una afirmación cínica, sino llena de humor y flexibilidad. Lo has visto todo, y eso te permite amarlo todo.

PRIMERA PARTE

LA TÉCNICA DE LA MEDITACIÓN

Cuando te sientas recto pero relajado en postura de meditación, tu corazón está desnudo. Todo tu ser se halla expuesto, en primer lugar a ti mismo, pero también a los demás. De modo que, a través de la práctica de sentarte quieto y seguir tu respiración a medida que sale y se disuelve, estás conectando con tu corazón.

CHOGYAM TRUNGPA RINPOCHE

1

PREPARARSE PARA LA PRÁCTICA Y COMPROMETERSE

Para empezar a practicar la meditación se requieren muy pocas cosas. De hecho, lo único que necesitas es a ti mismo. A veces la gente piensa que tiene que apuntarse a un retiro o comprar un montón de artículos para poner en su habitación especial para la meditación. Sin embargo, puedes empezar en cualquier lugar y en cualquier momento del día. Simplemente empieza. Allí donde te encuentres. Puede que pienses que eres la persona más estresada de todo el planeta, puede que estés desesperadamente enamorado, puede que tengas seis hijos y un trabajo a tiempo completo, puede que estés atravesando una noche oscura o una depresión en tu vida... Estés donde estés, puedes empezar ahí. No necesitas cambiar nada para comenzar a practicar la meditación.

Cuando decides convertirte en un practicante asiduo de la meditación, es una buena idea establecer previamente un horario. Los frutos que te proporciona son múltiples, y realmente empiezas a verlos y a sentirlos con la práctica. De modo que, en un inicio, y antes que nada, elige un horario que sea realista para ti, y después mantelo. Quizás a ti te venga mejor practicar por la mañana temprano, antes de desayunar y de prepararte para el trabajo. O tal vez por la noche, después de que tus hijos se han acostado. Decide cuándo vas a empezar un hábito de meditación y comprométete a llevarlo a cabo.

A continuación, piensa qué duración tendrá tu práctica. ¿Durante cuánto tiempo te vas a sentar a meditar? Puede ser durante veinte minutos o dos horas, depende de ti. Pero prepárate para el éxito. Cuando te comprometes a realizar una práctica de meditación, no es bueno ponerte a ti mismo en una posición en la que puedas sentirte fácilmente derrotado. Para los meditadores principiantes, yo sugiero veinte minutos, y después de un mes o de varios meses de práctica, se pueden añadir otros veinte minutos. Si eres un meditador experimentado, o estás retomando la meditación, puedes comprometerte a una hora diaria.

Puede que tengas una hora para dedicarla a la meditación, pero el hecho de sentarte más de veinte minutos te desanime. En ese caso, te sugiero que te sientes veinte minutos, y después vuelve a llenarte de energía y date un descanso durante diez minutos, caminando lentamente, o practicando yoga o estirándote. Este cambio de atención hacia algo orientado al cuerpo te puede ayudar a volver a sentarte otros veinte minutos.

El entorno ideal para la meditación es el más simple posible. Es simple porque no requiere ningún montaje especial.

Como descubrirás, la meditación consiste en permitir que entre el mundo en ti, en despertar a tu vida, ¡de modo que puedas meditar incluso en un autobús! Sin embargo, para crear una práctica asidua, busca en tu casa un lugar que sientas sagrado y relajante. Puedes crear un pequeño altar en el que coloques objetos que consideres que te ayudan a tu práctica. Quizás quieras poner en el altar la foto de un maestro con el que conectes, o una vela.

A continuación, piensa en tu «asiento» de meditación. Tal como verás en el capítulo dedicado a la postura, debes sentarte de tal modo que te permita estar elevado; y eso puede conseguirse con un cojín o una silla. Algunas personas utilizan lo que se llama *gomden*, un asiento cuadrado y duro que te alza de tal modo que las rodillas quedan por debajo del sacro. También puedes emplear un *zafu*, un cojín circular que es un poco más suave y más bajo. Busca el cojín o el asiento que te venga mejor. Si tienes dolor de espalda o te duelen mucho las rodillas, puedes sentarte en una silla.

Por último, busca algo con lo que cronometrar el tiempo. Puede ser un reloj de pulsera, un despertador o cualquier cosa que te avise cuando haya llegado el momento de terminar. En las salas de meditación y en los retiros, con frecuencia se utiliza un gong —o una campana—, que tiene un sonido realmente maravilloso y apacible.

Puede que practiques solo o que decidas hacerlo con otra persona o con un grupo. Si eres un meditador principiante, recomiendo practicar con otra persona, o con más, porque esto te proporcionará mucho apoyo. Verás que si lo haces solo, te resultará mucho más difícil mantener el programa establecido. Habitualmente, la forma consagrada de meditar es la práctica solitaria, y en ese caso, mantener el compromiso y la devoción a un programa establecido puede ser más complicado, pero yo creo que con el paso del tiempo se vuelve más fácil.

Un estudiante universitario que acudió a mí en una ocasión para que le enseñara a meditar me dijo que sentía mucha ansiedad. También sufría trastorno por déficit de atención con hiperactividad. Este joven estudiante deseaba librarse de la sensación de estrés en su vida. Además, estaba preocupado por cómo iba a integrar la meditación en su ajetreada vida, con todos sus estudios y obligaciones. Yo le aconsejé que practicara diez minutos al día por la mañana, antes incluso de levantarse. Le indiqué que se sentara en la cama o a un lado de esta, con las piernas cruzadas, o extendidas, lo que le resultara más cómodo. Al cabo de una semana volvió y me dijo que le había sido muy útil. Me contó que un día se había despertado realmente pronto, hacia las dos y media de la madrugada, con un ataque de pánico por todo lo que tenía que hacer. Su instinto era saltar de la cama y comenzar a trabajar en todas las tareas que tenía por delante. Pero recordó que se había comprometido a meditar diez minutos, así que se sentó y comenzó a meditar. Me dijo que en esa experiencia todo se ralentizó en cierto sentido, y fue capaz de contemplar su mente salvaje e intensa y su enérgico cuerpo. Al estar presente consigo mismo durante esos diez minutos, tuvo la claridad mental suficiente para ver cómo trabajar de forma concienzuda en su lista de tareas, y qué era lo que necesitaba hacer y en qué orden. La meditación le permitió asentarse y organizar lo que tenía que hacer con claridad. Se dio cuenta de que no era preciso ocuparse de muchas de esas obligaciones ese día en concreto, y esa tranquilidad le permitió volver a dormir y sentirse mucho más fresco cuando se despertó de nuevo a otra hora más razonable.

De modo que quizás solo puedas comprometerte a meditar diez minutos. Aunque pueda parecer muy escaso, ese tiempo puede ayudarte a volver a tus sentidos o a ralentizarte lo suficiente para que tu inteligencia natural, o lo que yo denomino, la bondad básica —esa parte de ti que sabe cuál es la acción correcta que hay que hacer en cada momento—, haga click.

En este libro estamos practicando lo que se denomina *shamatha*. *Shamatha* es un término sánscrito que significa «calma duradera». Es la práctica de estabilizar la mente, entrenarla para que esté presente, asentarla en el aquí y el ahora, donde despertamos al mundo, tal como es. En los siguientes capítulos, aprenderás todo lo que necesitas saber para iniciar tu práctica: cómo asentarte en tu espacio de meditación y comenzar tu práctica, cómo sentarte y colocar el cuerpo, cómo trabajar con la respiración y cómo trabajar con la mente salvaje. Como bien sabes, ¡una mente serena no es algo muy habitual! No obstante, cuando tienes un objeto de meditación al que no haces más que volver —y en este libro te enseño a que empieces con la respiración—, estás domando y calmando tu mente, y cambiando los patrones habituales en los que eres completamente dominado por tus pensamientos y emociones. Llevar la mente al objeto es realmente el eje de la práctica de *shamatha*.

2

Estabilizar la mente

Cuando te sientas a meditar, lo primero que haces es asentarte. Asentarte significa que entras en la habitación en la que vas a meditar y te permites ser tal como eres. Te haces un repaso a ti mismo. Tienes la sensación de estar aquí y de saber qué equipaje has traído. Puede que un día estuvieras muy tranquilo en el desayuno, quizás contemplando el océano, o los árboles al otro lado de la ventana, y llegaras a la meditación bastante asentado y tranquilo. En otras ocasiones puede que te sintieras acelerado —engulliste el desayuno y bajaste corriendo las escaleras— y llegaste sin aliento. Tal vez ocurrió algo después del desayuno o de la cena anterior que te ha tenido preocupado y nervioso, y estás completamente agitado. Quizás estás realmente cansado, de modo que casi no sientes que estás aquí. Puede que te sientas desanimado o como si te estuvieras apagando.

De modo que el primer paso consiste en asentarte y hacer un repaso de ti mismo.

Hay algo que sí se puede decir con seguridad, y es que siempre que sacas tiempo para practicar y sentarte, traes algo contigo: traes los pensamientos y las alegrías del día, tus decepciones y tus preocupaciones. No se trata solo de plantarse ahí, poner el reloj y bloquear todo lo que has llevado contigo. Por tanto, primero siente dónde estás. Hazte las siguientes preguntas: «¿Qué siento físicamente? ¿Cómo me siento de ánimo? ¿Cómo tengo la mente?».

La cuestión es que no hay una buena forma y otra mala de ponerse a meditar. Puede que sea preferible mostrarse tranquilo y espacioso, pero en realidad la meditación consiste en estar despierto y presente pase lo que pase. No puedes calificar tu meditación como buena o mala. Lo único con lo que puedes medirla es con la pregunta: «¿Estaba presente o no?». E incluso el hecho de decirte a ti mismo que no estabas presente es el resultado de haber meditado y de haber reconocido eso. Hay en ti una cierta sensación de conciencia de lo que está ocurriendo.

****

Ejercicio: entrar en contacto con el momento presente

Al inicio de una meditación puede resultar útil hacer un repaso a tu mente antes de empezar. Ver dónde estás en ese preciso instante. Para descubrirte a ti mismo en el momento presente, puedes hacerte una serie de preguntas, a fin de ayudarte a entrar en contacto con tu mente, a ser consciente de lo que está sucediendo en este preciso instante.

La primera pregunta es: ¿qué sientes? ¿Puedes entrar en contacto con lo que estás sintiendo? Tal vez sea tu estado de ánimo o tu cuerpo físico, o solo una especie de somnolencia, de paz, de nerviosismo o de dolor físico. ¿Eres capaz de entrar en contacto con eso de forma no verbal, solo con una sensación de lo que estás sintiendo?

Para afinar esta pregunta un poco más: ¿hay emociones? ¿Puedes estar presente en ellas? ¿Puedes entrar en contacto con ellas?

No estoy hablando de tener que nombrar algo o de seguir la historia, ni nada de eso. Únicamente de estar presente en lo que estás sintiendo en este preciso instante.

¿Estás experimentando en este momento alguna sensación física? ¿Dolor, tensión, relajación...?

¿Y tus pensamientos? ¿Qué tipo de pensamientos tienes en este momento? ¿Está tu mente muy ocupada? ¿O quizás bastante adormilada? ¿Está sorprendentemente tranquila? ¿Son tus pensamientos acelerados, pacíficos, apagados, obsesivos o tranquilos?

Si te preguntara ahora mismo: «¿Cómo está tu mente en este momento: tranquila, salvaje o adormilada?», ¿qué me responderías?

Por fortuna estas preguntas te ayudan a conectar profundamente contigo mismo. Te aconsejo que empieces la meditación con ellas. Con la práctica, verás que no necesitas hacer toda la lista de preguntas para traerte a ti mismo al momento presente. Será algo más automático. Tu intención es tan solo localizar y estabilizar tu mente cuando te dispones a practicar la meditación.

Ejercicio: escanear el cuerpo

Otra forma que a mí me parece útil para hacerme un repaso a mí misma —y llevarme al momento presente antes de empezar una sesión de meditación— es realizar un escáner corporal.

Puedes empezar poniéndote de pie e inspirando profundamente y luego espirando. Es posible hacer un escáner corporal completo muy rápidamente. La idea es llevar la mente a cada parte del cuerpo para que tengas la sensación de lo que esa parte siente en ese preciso instante. Por ejemplo, puedes prestarles atención a las plantas de los pies y notar qué es lo que sientes ahí. Quizás estén adormiladas o, por el contrario, despiertas y cosquilleantes. A medida que hagas el ejercicio probablemente haya partes de tu cuerpo que no seas capaz de sentir. Si notas dolor, no te preocupes, permítete sentirlo, pero sigue poniendo toda tu conciencia en cada parte del cuerpo. Este es un ejercicio de atención plena, de atención al cuerpo físico.

De modo que empieza permaneciendo de pie un minuto. Puedes tener los ojos abiertos o cerrados. Simplemente lleva la mente, tu luz, una suave atención, a cada una de las partes del cuerpo. A mí me gusta estar diez segundos en silencio en cada una de las partes.

Las plantas de los pies. La zona de detrás de los tobillos. La pantorrilla. La parte trasera de las rodillas. La parte trasera de los muslos. Las nalgas. La parte baja de la espalda. La parte media de la espalda. La parte alta de la espalda y los hombros. Los brazos. Las axilas. La parte trasera del brazo. Los codos. La parte trasera del antebrazo. La palma de las manos. La parte trasera de los dedos. La punta de los dedos. La parte delantera de la mano. La parte frontal del antebrazo. La parte frontal del brazo. Los hombros. La garganta. El área trasera de la cabeza. La parte de detrás de las orejas. La coronilla. La frente. Los ojos. La nariz. Las mejillas. La boca. Los labios. La lengua. Los dientes. La barbilla. La garganta. El pecho. El plexo solar. El estómago. Los genitales. La parte delantera de los muslos. Las rodillas. La parte delantera de las pantorrillas. El empeine. La punta de los dedos de los pies.

Una vez que hayas hecho todo esto, observa si tienes cierta sensación de todo el cuerpo, de pie, relajado, o quizás no tan relajado, pero de pie en el momento presente.

3

LOS SEIS PUNTOS
DE LA POSTURA

Ya has estabilizado la mente lo mejor que has podido. Te has obligado a prestar atención al momento presente. Estás prácticamente preparado para empezar la práctica formal de la meditación. Pero antes de comenzar, ¿cómo te tienes que sentar? En la meditación, siempre, independientemente de la tradición que te enseñen, se hace mucho hincapié en el hecho de tener una postura correcta, de modo que no estés doblado y la energía se pueda mover libremente por todo el cuerpo. Prestarle atención a una postura relajada pero firme también conduce a la comodidad. Y a mí me han enseñado a hacerlo manteniendo el corazón abierto y la espalda firme. En realidad supone un gesto de gran valentía sentarse recto cuando te sientes alicaído y cerrado. El hecho de sentarte con la parte frontal abierta puede ayudar realmente a que tu mente y tu corazón se abran. De modo que entre la cabeza y el torso –la parte que va del cuello a la cadera– hay una especie de línea recta que desciende desde la parte superior de la cabeza a través del cuerpo. Cada vez que sientas que te desmoronas, vuelve a ponerte recto. Abre tu corazón.

Una buena postura para meditar de modo que podamos estar relajados y asentados en nuestro cuerpo implica prestar atención a seis puntos.

El asiento

Para empezar, debes tener una base estable, a la que a veces llamo un fondo plano. La gente se sienta sobre cosas diversas. Hay personas que lo hacen directamente sobre el suelo, otras sobre *gomdens*, otras sobre *zafus* y algunas en sillas. Cada uno necesita encontrar su manera de hallar la sensación de estar bien equilibrado. Una buena base.

Las manos

Las manos, en términos generales, están colocadas en el *mudra* de descansar la mente, que implica dejarlas reposar sobre los muslos con las palmas hacia abajo. Si se sitúan demasiado atrás en los muslos, se te desalinea el cuerpo, lo cual puede aumentar la tensión y el dolor. Lo mismo sucede si están demasiado hacia delante. Tienes que descubrir el punto que te resulte cómodo a ti, en el que te sientas bien alineado, de modo que el torso esté recto y cómodo y tú no te inclines ni hacia delante ni hacia atrás.

Si sientes que te estás durmiendo, otra postura para las manos puede ser el *mudra* zen, en el que se coloca una palma sobre la otra, de forma ovalada, con los dedos gordos casi tocándose, pero sin llegar a hacerlo, y sin dejar que las palmas reposen en tu regazo sino que estén un poco más elevadas. Este *mudra* es realmente útil si estás distraído o cansado, ya que necesitas ser un poco más consciente para mantener las manos elevadas y evitar que los dedos gordos se toquen. El *mudra* zen te mantiene más alerta.

Observa qué posición de manos es mejor para ti: puedes usar el *mudra* zen para despertarte o tal vez prefieras el *mudra* de descansar la mente.

El torso

Al hablar del torso, hay que tener presente lo máximo posible la relajación. Permanecer recto, pero relajado. A mí me enseñaron a visualizar una línea recta desde la coronilla hasta el cojín. Si tenía la sensación de que esa línea se estaba inclinando hacia delante, o se estaba doblando o torciendo, me recordaba a mí misma que debía ponerme recta otra vez.

Con frecuencia me decían que me imaginara un hilo invisible en la coronilla que me iba levantando. Y hacerlo es bastante útil, porque puede producir en el cuerpo una sensación de ligereza, de relajación. Sin embargo, hay que tener cuidado para que no se levanten los hombros. Sé consciente de ellos. A veces puedes levantarlos a propósito y volver a bajarlos —este es un viejo truco de yoga—, y eso te puede ayudar a relajar los hombros, una zona del cuerpo que solemos tensar.

La postura del torso es una expresión de estar despierto y atento. De modo que la parte frontal de tu cuerpo debe permanecer abierta y la espalda firme. El cuerpo debe estar lo más relajado posible. Así que en este momento, cuando te estás asentando, si sientes que se te levantan los hombros y se tensan, intenta bajarlos. Relájate. Si te inclinas de modo que la zona del corazón y del estómago está como desplomada, levanta el cuerpo hasta que tengas la sensación de estar derecho y con tu energía en equilibrio con la relajación.

Y una vez más, mantén el corazón abierto. Cuando nos cansamos tendemos a encorvarnos y a cerrar la parte frontal del cuerpo, la zona del corazón, ya estemos meditando o simplemente sentados en la mesa de trabajo o comiendo. Con frecuencia, al abrir esta parte frontal sentimos una sensación de elevación. Esta posición permite que la corriente de los estados de ánimo y los sentimientos fluya a través del cuerpo con mayor facilidad. Y si esta corriente fluye a través de ti con facilidad, si tu postura está derecha, tu mente se podrá asentar con mayor facilidad.

Los ojos

Con frecuencia veo que los meditadores practican con los ojos cerrados, pero yo te aconsejo que los mantengas abiertos, aunque estés acostumbrado a hacerlo con los ojos cerrados. Abre los ojos porque eso te conduce a la idea de estar despierto. No meditamos con la esperanza de profundizar en el sueño, por decirlo de algún modo. No estamos interiorizando. Este no es un tipo de meditación trascendental en el que intentes sumergirte en estados especiales de conciencia. Más bien, meditamos para estar completamente abiertos a la vida y a todas las cualidades de esta o de todo aquello a lo que nos enfrentemos. Estamos entrenándonos en una especie de equilibrio o ecuanimidad suprema, que no está basada en la facultad exterior de permanecer quieto, sino en la capacidad de la mente de ser flexible y estar abierta. Estamos cultivando la habilidad de estar presentes en cualquier cosa que surja en el exterior y en el interior, ya sean emociones agitadas o circunstancias externas difíciles.

Hay muchas tradiciones de meditación que promueven el hecho de cerrar los ojos, pero el enfoque con los ojos cerrados no suscita esa sensación de presencia en el momento que estamos buscando. Cerrar los ojos es una práctica que viene de la tradición budista del sur —la tradición *theravada*— y su intención es lograr una sensación de meditación más interiorizada. En algunas de las tradiciones que enseñan a meditar con los ojos cerrados, como las hinduistas, lo que se cultiva es una especie de estado de dicha, de elevación. El budismo tibetano, en particular, consiste en estar despierto a cualquier cosa que surja. Mantener los ojos abiertos nos conduce al reconocimiento de que todo momento y todo lugar son sagrados, una oportunidad de despertar a tu vida. Con los ojos abiertos, permaneces suavemente alerta a todo lo que ocurre, en lugar de retirarte, que es lo que sucede cuando los cierras. Abrir los ojos es muy importante para generar esta inclusión de todo, en que aprendemos a estar asentados en nuestras vidas sin importar las tormentas o alegrías que nos traigan.

El hecho de mantener los ojos abiertos demuestra esta permanencia *con* el presente. Es un gesto de apertura. Incluimos todo lo que pueda ocurrir durante nuestra sesión de meditación, pero sin estar mirando por toda la habitación y sin permitirnos estar distraídos. Con frecuencia, durante la práctica de grupo, tendrás gente sentada a tu lado, o frente a ti, y puede que haya movimiento. Hay señales visuales de todos los tipos en la habitación, y nuestra meditación está diseñada para conducirnos a ser capaces de acomodar todo lo que pueda ocurrir en lugar de crear una situación que esté totalmente libre de cualquier obstáculo. Nos estamos abriendo a trabajar con los obstáculos de nuestro camino, y no a intentar estar libre de esos obstáculos.

Te sugiero que dirijas la vista hacia abajo, en un punto situado a unos dos metros por delante de ti. Si tu mente es muy alocada y quieres encontrar más estabilidad, trata de conducir la mirada algo más cerca. Sin embargo, nunca debes inclinar la cabeza, que siempre mirará de frente. Mueve únicamente los ojos. Puedes experimentar con diferentes ángulos, dirigir la mirada a un punto cercano o lejano, bajo o elevado.

Cuando uses una mirada más elevada, verás colores y movimiento, y serás consciente intencionalmente de la luz de la habitación. Puedes tratar de mantener un foco suave y corto en todo lo que te rodea.

EL ROSTRO

Mantén la boca ligeramente abierta, no abierta de par en par, solo lo suficiente para que pueda pasar el aire a través de ella, de tal modo que otra persona prácticamente no note que la tienes abierta. Es bastante útil, porque hace que relajes la mandíbula, la cara y el cuello, y de ese modo también relajas los hombros. Con frecuencia notarás si estás tenso y cuándo lo estás porque puede que aprietes las mandíbulas. Si ocurre eso, limítate a ser consciente de ello y abre un poco los labios, de modo que casi no sea visible. A veces digo esto y cuando echo un vistazo por la sala, veo un montón de bocas abiertas: ¡parece un acuario lleno de peces! No se trata de eso.

Hacemos bastante hincapié en la idea de tratar de minimizar la sensación de lucha. En la meditación pasamos por un montón de experiencias, incluida la incomodidad física y mental, porque todo surge, de forma que hacemos hincapié en no luchar. Por lo tanto, si te está doliendo algo, puedes hacer ligeros cambios para intentar estar cómodo. Date cuenta de si tienes tensión en algún músculo de la cara o de la boca. A continuación, deja que desaparezca esa tensión.

Las piernas

Tienes que cruzar las piernas cómodamente delante de ti. Hay personas que necesitan elevar el asiento. Otras se pueden sentar completamente en el suelo plano. En todo caso, las rodillas no deben estar más altas que la cadera, porque eso te causaría mucho dolor. Si la posición de piernas cruzadas te resulta dolorosa —o si intensifica alguna molestia que sufras—, te sugiero que uses una silla. Puedes seguir practicando los otros cinco puntos de la postura. Siéntate en la silla con la columna recta, con el corazón abierto, las palmas de las manos sobre las piernas, y la cara, la boca y la vista relajadas.

****

En cualquier momento de la sesión de meditación siempre puedes, como solía decir Trungpa Rinpoche, «echar la mirada atrás a la sensación de ser». Si te descubres a ti mismo distraído o si sientes que está aumentando la tensión, puedes volver a la conciencia del cuerpo, a los seis puntos de la postura. Primero, ten presente el asiento: ya sabes que ha de ser estable. No te estás moviendo hacia delante o hacia atrás. Has descubierto una buena base para mantener una postura recta. Después fíjate en las manos, relajadas sobre los muslos. A continuación, el torso, con la espalda derecha y el corazón abierto, permitiendo que la energía se mueva libremente por el cuerpo. Después la cara: ¿tienes la boca ligeramente abierta y los músculos faciales relajados? Para terminar, las piernas cruzadas delante de ti: ¿puedes conseguir que no haya tensión en ellas?

Si durante la meditación en algún momento descubres que estás luchando físicamente, no te muevas de inmediato. Permanece en esa postura un poco más, y después muévete lentamente a una postura más relajada, mientras continúas la meditación. Relájate. Es muy importante no tensarse más, estar lo más relajado y cómodo posibles. Y en cada uno de estos «puntos» debes experimentar una sensación de relajación, de apertura, de dignidad, una expresión de estar abierto y seguro.

4

LA RESPIRACIÓN: LA PRÁCTICA DE DEJAR FLUIR

La respiración nos enseña a dejar fluir. Le proporciona suavidad a nuestra práctica, y a través de ella somos capaces de relajarnos y serenarnos. Concéntrate en ella, solo durante unos momentos, y observa si te ayuda a relajarte. Limítate a notar la sensación que te produce el aire que entra y sale.

Las instrucciones para la práctica de la meditación en postura sentada son muy sencillas: entras en la habitación de meditar, pones el reloj, estabilizas la mente todo lo posible, adoptas la postura adecuada y llevas la mente con suavidad a la respiración. Yo enseño a mis alumnos a comenzar con la respiración como objeto al que volver. La respiración se usa como objeto básico de la meditación por muchas razones; una de las más importantes es que se trata de algo pasajero. Siempre está cambiando, fluyendo; nunca es estable. De este modo, más que concentrándote en algo estás sintiendo algo. Y también estás desarrollando la mente, entrenándola, para que sea capaz de estar presente en la fugacidad del momento, de los pensamientos, de las emociones, de las imágenes y de los sonidos, de todo aquello que no permanece estable.

Así, cuando te sientes, dirige la atención a la respiración. Cada vez que la atención se disperse, llévala de nuevo a la respiración, a su flujo de entrada y salida. No se trata de observar la respiración como un halcón; no se trata de concentrarse en ella, sino de sentirla para ser uno con ella. Permítete a ti mismo ser inspirado y espirado.

Una vez estaba enseñando a meditar a una muchacha, y cuando le estaba describiendo la idea de encontrar la unidad con la respiración, ella utilizó la palabra «permitir»: permitir que la respiración entre y salga. Creo que captó realmente la sensación de lo que hacemos con la respiración en la meditación, porque «permitir» implica una sensación muy suave, sin apego.

Para llevar esto un poco más lejos, puedes experimentar el hecho de concentrarte en la espiración y en el espacio que existe al final de esta antes de que comiences a inspirar. Trungpa Rinpoche solía describir esta concentración como «mezclar la respiración con el espacio». Cuando el aire entra, puede que sientas una ligera pausa o vacío; en ese momento, dirige la atención a lo externo. Cuando espires, alarga esa espiración todo lo que puedas. Permite que el aire salga de modo ligero y relajado. Chogyam Trungpa Rinpoche enseñaba a practicar concentrándose en la espiración para hacer hincapié en la apertura al mundo y en abandonar toda nuestra obsesión. Mientras va saliendo el aire, puede que tengas la sensación de convertirte en parte del vasto y amplio espacio que te rodea. Es una sensación inmensa y tolerante.

A medida que trabajes con la respiración como objeto de la meditación, empezarás a sentir que el cuerpo y la mente se sincronizan. Ya no estás dividido. Puedes denominar a la práctica de meditación la «práctica de la conciencia abierta» o la «práctica del estado despierto natural». A medida que te adentres en ella, podrás relajar la atención en la respiración y permitirte a ti mismo morar serenamente en el espacio abierto del momento presente. ¿Qué significa sentarse y «estar presente»? Significa ser como el propio espacio y dejar que todo surja: la respiración, los pensamientos, las emociones, las sensaciones...

5

ACTITUD:
VOLVER SIEMPRE

Una vez que ya te he explicado lo más básico —asentarse, postura y respirar—, tienes todas las herramientas que necesitas para meditar. Ahora vamos a ocuparnos de la actitud básica. En la segunda parte trataremos los aspectos más sutiles de la actitud y trabajaremos con los pensamientos y las emociones, pero para empezar, ¿qué actitud hemos de tener al meditar? Una actitud sencilla, y esa es la actitud de «volver siempre».

El marco mental elemental a adoptar es que siempre tenemos que volver al presente. La regla básica es mantener estabilizada la mente, lograr la habilidad de permanecer en un lugar, de estar presente. Esta es la base de toda la transformación que el camino de la meditación produce en nosotros. Comienza cuando la mente es capaz de permanecer quieta. La mente puede llevarnos a los lugares más extraños, y la meditación nos enseña a reconocer lo que está ocurriendo cuando nos apartamos del momento presente. Puede ser muy sutil o muy espectacular. Lo notamos y volvemos a la respiración, de vuelta a nuestra meditación. La cualidad natural de la mente es clara, despierta, alerta y sapiente. Libre de obsesión. Al entrenarnos en estar presentes, llegamos a conocer la naturaleza de nuestra mente. De modo que cuanto más te entrenes en estar presente —en estar aquí mismo—, antes empezarás a sentir que tu mente se está agudizando. La mente que es capaz de volver al presente es más clara y más fresca, y puede sobrellevar mejor todas las ambigüedades, dolores y paradojas de la vida.

Comencé este libro hablando del sufrimiento como una de las razones por las que la gente comienza a meditar. Meditamos para eliminar la raíz del sufrimiento. El proceso de llegar a esa raíz se inicia al volver al momento presente, a la respiración. Ahí es donde puede producirse la expansión, que no tendrá lugar si intentas escabullirte o escapar de la meditación, si tratas de resistirte a lo que está presente para ti en ese momento. El momento presente, como descubrirás, es ilimitado. Parece paradójico que la expansión y el asentamiento puedan sobrevenir cuando aprendemos a volver al momento presente, en especial cuando lo que surge es ira, tristeza o miedo, pero precisamente a través de la acción de volver al presente puede forjarse nuestra apertura al amor, la alegría y el dinamismo de la vida. En otras palabras, la meditación nos concede la bendición de la ecuanimidad o el equilibrio emocional.

La meditación y el *dharma* se dirigen directamente a la tensión y al estrés que están asociados con buena parte de nuestra vida. Puede que lo llamemos las «ventajas adicionales» de la meditación. Cuando continuamos una y otra vez con nuestra reactividad emocional, cuando nos dejamos llevar por nuestros pensamientos y por nuestras historias, el sufrimiento crece hasta convertirse en algo de enormes dimensiones. Hay muchas maneras de hablar acerca de la raíz del sufrimiento, pero yo la describo como ignorancia, porque de ese modo es muy fácil de entender. Con la meditación nos dirigimos a la cualidad de la ignorancia, de no saber.

La cualidad de no saber hace referencia al fenómeno de no ser consciente, de no entender lo que estamos haciendo con nuestra vida diaria. Eso abarca incluso los detalles más triviales, tales como no ser conscientes de que estamos bebiendo un vaso de agua o estar distraídos al cepillarnos los dientes. Estas acciones cotidianas que llevamos a cabo casi sin pensar con frecuencia muestran una falta de conciencia, o ignorancia. Cuando hacemos muchas cosas a la vez y dividimos nuestra mente en múltiples direcciones, realmente estamos creando nuestro propio sufrimiento, porque esos hábitos refuerzan la reactividad emocional intensa y el pensamiento discursivo. Al aceptar el momento presente, tal como es, y vivir en él, empezamos a experimentar más satisfacción, más espaciosidad y mucho menos miedo, ansiedad y preocupación.

La meditación trabaja de forma muy directa con el hecho de comenzar a ser conscientes de lo que estamos haciendo y de que tenemos la oportunidad a cada momento de volver al presente o de aumentar el sufrimiento al permitir que nos dominen los pensamientos. En cualquier momento, ya sea sobre el cojín de meditación o después de haber finalizado la práctica, empezamos a percibir cada vez con más claridad –gracias a la meditación– cómo nos hemos apegado a una línea de pensamiento discursivo, lo cual es desastroso, porque de ese modo reforzamos los patrones habituales de sufrimiento. Con la meditación, comenzamos a ser conscientes de esto cada vez con más claridad, y a darnos cuenta de que podemos hacer algo diferente.

Un fantástico ejemplo para ilustrar esto proviene de una alumna que me contó que en una ocasión se estaba mirando en el espejo y se percató de que tenía varias canas. Estaba satisfecha, pero en cuanto se dio cuenta de eso empezó una espiral descendente de autodenigración, de sentirse muy mal, deprimida, sola y poco querida. ¡Y todo empezó solo por un par de canas! No obstante, gracias a la meditación, se dio cuenta de lo que estaba haciendo, lo atrapó y no se permitió caer en la espiral descendente. Supo a dónde la estaban llevando sus pensamientos y volvió la atención a la respiración. Adoptó esa actitud de volver. De vuelta al momento presente.

Cuanto más conscientes seamos y no nos permitamos caer en la espiral descendente, más se incrementará nuestra confianza en nuestra capacidad de despertar. A medida que aumentemos nuestra confianza en la capacidad de trabajar en nuestra situación, empezaremos a ver que no somos víctimas de nuestros patrones habituales. No hay duda de que puede que parezca que lo somos, ya que tienen una forma muy artera de sacar lo mejor de nosotros. Sin embargo, el camino de la meditación se dirige directamente a eso, y nos ayuda a desenredar toda esa sensación de estar aprisionado en la mente.

La mente es la raíz de todo el sufrimiento y también la raíz de toda la felicidad. Piensa en eso. Es algo que puedes contemplar durante el resto de tu vida: cuando aparezca algo que te cause insatisfacción, que haga que comiencen los patrones habituales, que desencadene la reacción, que te haga enfadar, estar solo, celoso, pregúntate: «Estas emociones ¿están ocurriendo por circunstancias externas? ¿Dependen completamente de ellas?».

El camino de la meditación dice que tenemos que trabajar con nuestra mente; y si trabajamos con nuestra mente, podremos trabajar con las circunstancias externas. Aquello que solía irritarnos, molestarnos y desencadenar nuestra reacción y los patrones habituales, comienza a disolverse. De modo que cuando te encuentres a ti mismo atrapado en un ataque emocional, tienes que preguntarte: «¿Cuánto de lo que está ocurriendo proviene de fuera y cuánto de mi mente?».

Te reto a que te hagas esta pregunta a cada momento, a todas horas, todos los días de la semana, todas las semanas del mes y todos los meses del año. Te animo encarecidamente a que trabajes en esto. Y puedes hacerlo del modo en que sugirió Buda: contemplando de cerca de dónde surgen nuestros miedos y sufrimientos. Esto es distinto a cerrar nuestra mente a lo que está ocurriendo, a los detalles del guion, y decir: «Es ridículo, está *claro* que es culpa de Tim», o «Si la gente de la oficina se uniera, no tendrían este problema». Es algo desafiante, porque la experiencia de nuestra mente puede parecer muy auténtica, muy real. La meditación nos permite ver el sufrimiento que la mente nos inflige. La directriz es: si estás atrapado, tienes que trabajar en tu interior por muy terribles o injustas que parezcan las circunstancias externas. Si estas atrapado, es señal de que tienes algo de trabajo que hacer; y tú, solo tú, te puedes llevar de vuelta. Esta es la actitud básica de la meditación.

6

AMISTAD INCONDICIONAL

Cuando meditemos, es importante que evitemos criticarnos a nosotros mismos por nuestra meditación y por lo que surja en ella. ¡Esto solo sería entrenarnos para ser duros con nosotros mismos! Quiero hacer hincapié en la importancia de mantener un ambiente de amistad incondicional cuando medites y cuando lleves tu práctica al mundo. Podemos meditar durante un montón de años; conozco a personas que lo han hecho muchísimos años —incluso décadas—, y de repente descubren que no han estado utilizando la meditación para desarrollar cariño hacia ellas mismas, que, en cierto modo, ha sido una meditación agresiva hacia sí mismas, quizás demasiado orientada hacia el fin. Tal como me dijo alguien: «Medité todos esos años porque quería que la gente pensara que era un buen budista». También es común oír: «Medité todo ese tiempo porque sentía que *tenía que hacerlo, que sería bueno para mí*». En tales casos, naturalmente, llegamos a la meditación con las mismas actitudes con las que afrontamos todo lo demás. Se trata de algo que he observado en mis alumnos. Y es algo muy humano. Sin embargo, no debes sentirte mal por ello, ya que puede ayudarte a descubrir quién eres en tu momento más sabio y quién eres en tu momento más confuso. Llegas a conocerte en todos tus aspectos: a veces completamente cuerdo y con el corazón abierto, y otras, confundido y desconcertado. Todos nosotros somos en ocasiones un caso perdido. La meditación te ofrece la oportunidad de llegar a conocerte en todos esos aspectos. Juzgarnos a nosotros mismos por cómo vaya la práctica o por lo que esté surgiendo en ella es una agresión sutil que nos hacemos.

La solidez que desarrollamos en la meditación es un deseo de permanecer. Puede parecer una tontería, pero ¡la meditación no es muy distinto a entrenar a un perro! Aprendemos a *estar quietos*. Cuando estés pensando lo que vas a comer, «permanece quieto». Cuando estés preocupado por lo que va a ocurrir el lunes, «permanece quieto». Es una orden compasiva y muy ligera, como entrenar a un perro: puedes hacerlo con dureza, propinándole golpes y gritándole; el perro será capaz de obedecer tus órdenes y aprenderá a permanecer quieto, pero estará completamente neurótico y asustado. Mientras sea una orden muy clara, dada en el modo en que fue entrenado, no habrá ningún problema, pero si añades algo de imprevisibilidad o incertidumbre, el pobre animal se confundirá y se volverá neurótico.

También puedes entrenarlo con amabilidad y cariño, y será un perro capaz de estarse quieto, ponerse sobre dos patas, dar la vuelta, sentarse y todo lo que le enseñes, pero será flexible y juguetón y bailará al son que le toquen, por decirlo de alguna manera. Personalmente, prefiero el segundo tipo de perro. Toda esa quietud, esa perseverancia y esa lealtad que surgen con la meditación tienen una motivación muy amable y compasiva.

Este enfoque amable hacia ti mismo que se da en la meditación se denomina *maitri*. Se traduce como «amabilidad cariñosa» o simplemente «amor». En la meditación, aprendemos a ser amables, cariñosos y compasivos hacia nosotros mismos. Yo enseño mucho sobre la *maitri*, pero a veces se malinterpreta y se piensa que es una especie de autoindulgencia, como si solo fuera querer sentirse bien y ser egoísta. En verdad, definir lo que es y lo que no es *maitri* es una cuestión de sutileza. Por ejemplo, puede que digas que tomar un baño de espuma o realizar alguna actividad en el gimnasio es *maitri*. Pero por otra parte, quizás no lo sea, porque tal vez es una forma de evitar algo, de castigarte a ti mismo. Tú eres el único que lo sabe. Es posible que ir al gimnasio sea justo lo que necesites para relajarte lo suficiente y poder continuar con tu vida con cierta ligereza. O quizás sea una de tus sesenta y cinco tácticas diarias para evitar la realidad.

Por lo tanto, ten claro lo que significa *maitri*. Para que no haya malentendidos al pensar que es algo parecido a la indulgencia, que en realidad nos debilita y nos hace *menos capaces* de mantener el corazón y la mente abiertos a nosotros mismos en las dificultades de nuestra vida, yo con frecuencia uso esta definición: la *maitri* nos fortalece. Una de las cualidades de la *maitri* es la firmeza, y eso es algo que desarrollamos con la meditación. De modo que durante el aburrimiento, los dolores, la indigestión, todos los recuerdos molestos, la energía tensa, la meditación pacífica o la somnolencia, hay firmeza. Te sientas contigo, te acercas más a ti mismo, sin importar lo que esté sucediendo. No intentas librarte de nada; puedes seguir estando triste, frustrado o enfadado. Reconoces tu humanidad y la amplia gama de emociones que puedas estar sintiendo.

Cuando desarrollamos *maitri* hacia nosotros mismos, también estamos generando ecuanimidad. Ser acuánimes significa que somos capaces de estar con nosotros mismos y con nuestro mundo sin quedar atrapados en el *a favor* y en el *en contra*, sin juzgar las cosas como buenas o malas, sin quedar aprisionados en las opiniones y en las creencias de las visiones sólidamente sostenidas sobre nosotros mismos y nuestro mundo. La amistad incondicional consiste en entrenarse para ser capaz de asentarse con uno mismo, tal como uno es, sin etiquetar esa experiencia como «buena» o «mala». No hace falta que dramaticemos demasiado o que nos desesperemos sobre lo que vemos en nosotros mismos.

En la práctica de la meditación básica, hacemos amistad con nosotros mismos, cultivamos la *maitri* hacia nosotros mismos, y, a medida que pasan los días, meses y años, descubrimos que cada vez sentimos más cariño hacia los demás y hacia el mundo.

Si pudieras ver claramente solo durante una semana, y de repente —¡boom!— todos los hábitos desaparecieran, la meditación sería la práctica de más éxito del planeta. Sería mejor que cualquier droga, que cualquier spa, que cualquier hamaca en una isla maravillosa. Sería lo *mejor*, si pudieras ser consciente de esos hábitos y solo durante una semana, o incluso un año, ver claramente y perseverar, estar libre por completo del sufrimiento. Pero hemos estado desarrollando nuestros hábitos durante muchísimo tiempo. De hecho, tienen los mismos años que tú. Y si crees en la reencarnación, ¡muchos más aún! De modo que *depende de ti*. Esta pequeña y corta vida humana que tienes es *tu oportunidad*. No la desperdicies. Piensa en cómo quieres utilizar ese tiempo. La meditación es un proceso paciente de conocer que, gradualmente, esos hábitos se están disolviendo. No nos liberamos de nada. Solo somos firmes con nosotros mismos, desarrollando una conciencia clara, siendo honestos con lo que somos y lo que hacemos.

Cuando era una joven estudiante de meditación, mi maestro me animaba mucho. Siempre se refería a la amistad incondicional como «entablar amistad con uno mismo». Para mí esto resultaba complicado porque yo siempre albergaba dentro de mí sentimientos que quería evitar, ya que eran embarazosos o dolorosos. Sentía como si estuviera entablando una enemistad conmigo misma, porque durante la meditación surgían muchos de esos sentimientos. Y él me decía que entablar amistad conmigo misma significaba ver todo lo que había dentro de mí y no salir corriendo o darle la espalda. Porque en eso consiste la verdadera amistad. No te das la espalda a ti mismo, no te abandonas, de igual modo que no abandonarías a un verdadero amigo cuando comienza a surgir el lado oscuro. En el momento en que entablé amistad con mi cuerpo, mi mente, mis emociones fugaces, y fui capaz de asentarme cómodamente en mí misma cada vez más —y eso lleva tiempo—, me resultó más fácil permanecer en el momento presente, en todas las situaciones. En la meditación era capaz de volver a la respiración y dejar de fustigarme a mí misma.

Todavía tengo sesiones de meditación en las que me pongo nerviosa o me enfrento a emociones fuertes. Es cierto. Sin embargo, te alegrará saber que después de todos estos años, sin duda, estoy más asentada. Al contrario que antes, los pensamientos y las emociones no me echan. Si comienzo a meditar y mi mente está desbocada o estoy preocupada por algo, puedo, a pesar de todo, alcanzar un estado asentado que siento con la mente, el cuerpo y la vida. No porque las cosas vayan necesariamente bien. Como tú muy bien sabes, la vida es una continua sucesión: va fenomenal, después va fatal, cambia, es agradable, luego desagradable... Es alegre y dichosa, a veces triste. Y vivir con eso, lidiar con esa continua sucesión de agradable y desagradable con un espíritu, un corazón y una mente abiertos: ese es el motivo por el que me siento a meditar.

7

TÚ ERES TU PROPIO MAESTRO DE MEDITACIÓN

En la tradición del budismo tibetano a la que pertenezco, con frecuencia utilizamos lo que se denomina un lema lojong, o una breve y concisa frase, para la reflexión o para la instrucción. Lojong es una práctica contemplativa en la que pensamos en un lema y en su significado en nuestras vidas. Son una especie de proverbios que nos ayudan a contemplar más de cerca nuestra mente y nuestros hábitos, y hay uno que dice: «De los dos testigos, confía en el principal». En otras palabras, hay muchas personas que te darán buenos consejos, que pueden ser muy útiles, pero básicamente tú eres el único que sabe lo que está ocurriendo en tu meditación. Te he mostrado la técnica básica de la meditación, y solo tú puedes saber realmente qué tal te van mis sugerencias e indicaciones. Tú eres el principal testigo de tu vida, y tienes que empezar a confiar en la visión de tu propia mente para saber lo que puede necesitar tu práctica en un momento determinado. En cierto sentido, nos convertimos en nuestros propios maestros de meditación. Tu maestro de meditación interno está siempre contigo, mostrándote exactamente en qué punto te encuentras.

Aunque te aconsejo que también trabajes con un mentor, un profesor o un amigo espiritual de cualquier tipo, es una realidad que en una sesión de meditación concreta —o en cualquier momento del día— no pueden contemplar con profundidad tu práctica. Es imposible que sepan siempre si estás relajado o demasiado tenso, si te sientes con el espacio suficiente o estás atrapado en tus emociones. Tú eres el único que sabe en qué estado de ánimo te encuentras. Tú eres el único que sabe cuánta espaciosidad, cuánta paz, cuánto asentamiento sientes; y en ese sentido, eres lo suficientemente sabio para ser tu propio guía de meditación.

Un maestro, por ejemplo, no te puede indicar cuándo has tocado profundamente el momento presente o si te está doliendo la espalda y debes cambiar de postura. Es algo que solo sientes tú internamente. Mi maestro, Chogyam Trungpa Rinpoche, solía decir: «Bueno, ahora vamos a meditar —y sonaba el gong de la meditación.— Adoptad todos una buena postura. Sed conscientes de cómo inspiráis, espiráis, inspiráis... Solo conciencia, conciencia abierta de vuestra respiración». Y después de haber hecho eso durante unos veinte minutos, volvía a sonar otra vez el gong que indicaba el fin de la meditación. Entonces decía: «La única meditación auténtica que habéis hecho en todo este tiempo fue cuando toqué el gong al final». Y es verdad: todo el mundo se pone más o menos en posición, ansiando estar ahí con la respiración, y luchando, luchando, luchando. Porque los sonidos, en lugar de ser objeto de meditación, te distraen; los pensamientos, en lugar de ser objeto de la meditación, te distraen. Básicamente, para muchas personas, el principio de la meditación es cuando suena la alarma o el gong; esa experiencia dura un rato, y entonces *desaparece*. Han abandonado la meditación. ¡Hasta el final! Cuando el gong o la alarma vuelven a sonar, finalmente permiten una *profunda y larga exhalación*. De ese modo, esos momentos en que suena el gong, el inicio y el final, con frecuencia son los instantes de la meditación más intensos, y tú eres el único que puede sentir y saber eso. Y los momentos así nos muestran que cuando nos quedamos muy atrapados en la técnica, perdemos completamente el punto de la meditación. Dado que eres tu propio guía, tú puedes lograr esos vislumbres, esas bendiciones, a medida que se muestren en tu práctica.

Cuando nos empeñamos demasiado en meditar, es fácil que perdamos el contacto con la razón por la que hemos decidido meditar. De modo que, tal como mencioné en el capítulo anterior, sé un maestro amable contigo mismo. No necesitas golpearte a ti mismo en la cabeza por lo que surge, por si lo estás «haciendo bien» o por si solo lo has hecho «así, así». Lo importante es que te *des cuenta* de cómo estas innumerables distracciones potenciales se mueven en tu experiencia. La meditación consiste en abandonar la idea de que lo estamos haciendo de modo perfecto.

Por tanto, cuando te diriges a la meditación, quieres tener en cuenta el espacio, asentarte en tu cuerpo, hacerte un repaso a ti mismo. Quieres conectar con los seis puntos de la postura y con la respiración. Pero la directriz *clave* que te

debes dar a ti mismo, como tu propio maestro de meditación, es simplemente relajarte en lo que hay. No necesitamos
hacer nada. Descansamos en el espacio entre nuestros pensamientos y emociones, entre nuestros achaques, dolores y
preocupaciones. Hay una sabiduría increíble en ese espacio
abierto y presente. Nos estamos abriendo a una vasta muestra de sorprendentes riquezas, la muestra orgánica y única
del momento presente. No estamos intentando, intentando,
intentando. No estamos controlando ni haciendo esfuerzos
para abrirnos camino.

La habilidad para estar en el momento presente a veces
se denomina mente infantil, porque los niños contemplan el
mundo de ese modo abierto, con ese grado de relajación, con
ese grado de sensación de ahora. ¿Eres capaz de recordar lo
que era ser un niño, cuando ibas a casa de tu abuela y tenía un
olor especial? Piensa en un niño que va a un museo y no tiene
ni idea de si lo que está viendo es Picasso o Renoir. Ni idea en
absoluto. El niño mira con ese tipo de conciencia abierta. Si
es realmente pequeño, es muy difícil que sepa qué está viendo, pero estará abierto a los colores y las formas.

La meditación nos llama a regresar y sintonizar con esta
habilidad natural para estar presente, para ver y oír. Para ser
realmente *conscientes*. La meditación podría considerarse una
práctica de ser completamente conscientes, en oposición a
ser inconsciente, perdido en el pensamiento, vagando, un estado bastante típico. En esta práctica, permanecemos leales
a nosotros mismos, al igual que nos gustaría que el profesor
lo fuese a la hora de guiarnos. La meditación nos acepta tal
como somos —tanto en nuestros enfados y nuestros malos hábitos como en nuestro amor, compromisos y felicidad—. Nos

permite tener una identidad más flexible, porque aprendemos a aceptarnos a nosotros mismos y a toda nuestra experiencia humana con más ternura y apertura. Aprendemos a aceptar el momento presente con el corazón abierto. Cada momento es increíblemente único y fresco; y cuando nos sumergimos en el presente, tal como la meditación nos permite hacer, aprendemos lo real que sabe esta tierna y misteriosa vida que compartimos todos.

SEGUNDA PARTE

TRABAJAR CON LOS PENSAMIENTOS

Los pueblos y los campos que el viajero ve a través de la ventana del tren no hacen que el tren vaya más lento, ni el tren los afecta a ellos. No se molestan entre sí. Así es como debes ver los pensamientos que te pasan por la mente cuando meditas.

DILGO KHYENTSE RINPOCHE

8

LA MENTE MONO

La naturaleza de la mente es pensar. Tan natural resulta para ella pensar como lo es para los pulmones respirar o para el corazón bombear la sangre por las venas. La motivación de la meditación no es librarse de los pensamientos, sino entrenar a la mente para reclamar su capacidad natural de estar presente. La mente se puede colocar en un objeto, una experiencia, y permanecer ahí. En la primera parte, te aconsejaba que comenzaras la práctica de la meditación dirigiéndola a la respiración. En términos generales, cuando intentamos hacer eso, aunque sea solo durante unos segundos, la mente mono, como se la denomina, o la mente caballo salvaje, se va y nos lleva al otro lado del mundo o a algo que ocurrió hace una década. La razón por la que *simplemente* no meditamos todo el tiempo es porque *no podemos*, porque nuestra mente está por todas partes. La mente necesita entrenamiento. Pero no la entrenamos para que sea mejor, sino para sacar a la luz su estado despierto natural. Y el modo tradicional de hacerlo, desde el tiempo de Buda en adelante, es meditando. Volvemos a la respiración, volvemos al cuerpo, volvemos a nuestro objeto de meditación.

El otro día tuve una experiencia –fue breve, y fui consciente de ella– en la que durante cuatro segundos perdí totalmente contacto con lo que estaba haciendo. El momento en el que estaba *desapareció*, y me fui de paseo con mi mente vagabunda. Pensé: «¡Dios mío, qué increíble capacidad tenemos de escapar, de no estar aquí!». Nuestra mente se dedica a bailar como si estuviese loca. Y se dedica a bailar como si estuviese loca porque la hemos entrenado durante años. Parece automática. Y cuando enseño en los grupos, siempre hay personas –personas muy inteligentes– que hacen muy buenas preguntas. Me dicen: «Tienes que probarnos esto porque, por nuestra experiencia, la mente es naturalmente discursiva, y vaga sin cesar. ¿No es así como tenemos que funcionar para vivir y crear?».

El viaje para responder esta pregunta es una de las cosas que me atrajeron hacia el Budismo. Buda dijo: «No aceptes lo que digo solo porque lo he dicho yo. Compruébalo con tu experiencia». Descubrí que eso era verdad. Se tarda un tiempo en ver que realmente puedes estar despierto y presente, y vivir tu vida de modo creativo y comprometido sin dejar que la mente vague todo el tiempo.

Cuando meditas y te das cuenta de que la mente se ha alejado de la respiración, del momento presente, lo único que tienes que hacer es traerte a ti mismo de vuelta y etiquetar todos tus pensamientos como «pensamiento». No los rechaces. Más bien, date cuenta de ellos y vuelve a la respiración. Cuando medites, limítate a reconocer tu conciencia del acto de pensar diciéndote a ti mismo «pensamiento». Y regresa a la respiración. Así de sencillas son las directrices.

9

LOS TRES NIVELES DEL PENSAMIENTO DISCURSIVO

Con frecuencia, muchos textos de meditación hablan de tres niveles de pensamiento discursivo. En el primer nivel, estamos totalmente idos. Nuestros pensamientos, durante un período de tiempo, nos llevan lejos del momento presente. Esto también se conoce como fantasía. Cuando regresas de allí, es como entrar en la habitación después de haberla dejado un rato. Has estado en otra parte. Este es el tipo más obvio de pensamiento discursivo; puede tratarse de una experiencia completamente ilusoria e incluso engañosa.

Cuando después de alejarte de la respiración regresas y dices «pensamiento», hay una fuerte tendencia a ser severo consigo mismo. Te has alejado mucho de la meditación. Date cuenta de tu tono de voz cuando dices «pensamiento». Y si es severo, si la palabra «pensamiento» suena como equivalente a «mal» o va acompañada de depresión o de una sensación de desánimo, sé consciente de ello. Ese es el lugar en el que puedes llevar relajación y amabilidad a la práctica. Cuando te digas a ti mismo «pensamiento», hazlo con una actitud amistosa.

Tras la meditación, ocurre lo mismo. Comienza a percatarte de esa sensación de aversión o de esa voz crítica a tus pensamientos y a tus acciones, y limítate a relajarla. Date un respiro. Puedes cambiar esa voz y ser más amable y más cariñoso, más compasivo hacia todo el proceso de tu vida. El hecho de etiquetar tus pensamientos como «pensamiento» supone en realidad entrenarte para desarrollar una actitud imparcial.

La crítica es un obstáculo en la meditación, y la severidad es un obstáculo que te impide despertar. Esta tendencia a ser severos con nosotros mismos no surge de la naturaleza de Buda, la bondad básica que hay dentro de todos nosotros; surge del ego y de nuestro condicionamiento. Todos nosotros poseemos en nuestro interior semillas de esa bondad básica; solo tenemos que alimentarlas. Y alimentar la bondad básica que hay nuestro interior implica no juzgarnos a nosotros mismos por el pensamiento desenfrenado que tiene lugar en la mente. Cuando practiques, intenta ser fiel a la norma con una actitud amable. Entrenamos la atención plena, pero se trata de una atención amistosa. Nos entrenamos para etiquetar, pero se trata de etiquetar de modo amistoso. No podemos controlar cuántos pensamientos vamos a tener. Y no podemos controlar cuál va a ser el siguiente pensamiento.

Trungpa Rinpoche sugería que hicieras regresar a la mente del mundo del pensamiento con una actitud joven e inocente; él lo comparaba con el hecho de intentar dar

de comer a un niño mientras él no hace más que distraer-
se. Tienes que ser suavemente repetitivo con él, recordarle
que coma, que mire la cuchara, y entonces se la colocas en
la boca. No haces más que captar su atención una y otra vez.

Hay un nivel del pensamiento discursivo que es la fantasía y el pensamiento muy alejado, y hay otro que se ha marchado pero no del todo. Quizás son solo dos o tres frases de
un pensamiento o un guion, pero cuando todavía no te has
alejado mucho, te despiertas y vuelves. No estás completamente perdido en una fantasía. Únicamente te has dejado
llevar por un sonido, por ejemplo, o te has distraído al sentir
hambre y pensar qué es lo que vas a comer. Te das cuenta rápidamente y regresas.

En el caso de los pensamientos menos alejados, la directriz es la misma. Estás sentado en posición de meditación
dirigiendo la atención a la respiración, surge el pensamiento
y, sin darle demasiada importancia, vuelves. Estás permitiendo que el carácter de naturaleza búdica de tu mente salga a la
palestra, se manifieste y esté más presente. Si permites que
los pensamientos te lleven más lejos del momento presente,
te estás entrenando en lo discursivo y la distracción. Contra-
rrestar este patrón bien arraigado de no estar aquí requiere
tiempo y compromiso.

La vida media se caracteriza por escasos momentos de
presencia, quizás uno de cada cien. Reconocer esas pequeñas
escapadas es realmente importante porque al final son una
buena cantidad. A medida que pasas más días y semanas con
tu compromiso de practicar, puede parecer que tu mente
vaga aún más. La mayoría de la gente, incluso meditadores
veteranos, dice: «Estoy pensando incluso más que antes».

Sienten como si su distracción y su pensamiento fueran a peor, en lugar de a mejor. El hecho es que antes de que empezaras a meditar y a intentar desarrollar la atención plena, no eras consciente de todos los pensamientos que albergabas. Ahora lo eres, y por eso te parece que son más numerosos. En realidad, ser consciente de la mente mono es una buena señal; supone un incremento de la conciencia y de la habilidad para ver lo que está ocurriendo.

La tercera categoría de pensamiento discursivo incluye aquellos que no te arrastran en absoluto. Estás sentado, pones la mente en la respiración y permaneces ahí, pero se presentan esos pensamientos —o esa pequeña conversación— que vienen y van pero no te arrastran. Es como si fueras un testigo de la imprecisa línea de pensamientos que se producen a un lado, pero no entraras ahí completamente. En este caso no tienes que etiquetar los pensamientos como «pensamiento». Y generalmente no experimentarás ninguna crítica a ti mismo con respecto a ellos. Sin embargo, es importante reconocer este nivel de pensamiento en la meditación y distinguirlo de ese otro tipo que te lleva a lugares más lejanos. A medida que desarrolles la práctica de la meditación, es más probable que experimentes este tercer tipo de pensamiento con más frecuencia. Permaneces presente a tu meditación, experimentas los pensamientos que surgen, pero no te arrastran. Ocurren en el fondo, y tú sigues con el objeto, la respiración. Recuerda, no necesitas luchar. No necesitas luchar para no tener pensamientos porque eso es imposible. Simplemente dite a ti mismo: «Vale, está bien, completamente bien. No tengo que etiquetar ni darle importancia a nada aquí. Está bien».

En relación con los tres niveles del pensamiento discursivo, hay tres palabras, tres conceptos, que pueden servirte de apoyo en la meditación, en el sentido de que te permiten relajarte cuando de pensamientos se trata. La primera palabra es «amabilidad», que ya he comentado. Sé amable con la realidad de que no puedes evitar los pensamientos, ni controlar el hecho de que te distraerás y cuánto tiempo va a durar esa distracción.

La segunda palabra es «paciencia». La paciencia provoca relajación en la meditación, en la práctica, en la vida. No se puede subestimar lo útil que resulta ser pacientes con nosotros mismos. Puede que tengas semanas en las que tus pensamientos te lleven de paseo por una montaña rusa. Puede que tengas una hora de meditación en la que no conectes en absoluto con tu respiración y te obsesiones con algo del pasado. El camino de la meditación no es un proceso lineal. Tal vez un día surjan esos pequeños borboteos que no te distraen en absoluto y pienses: «¡Ya estoy controlando esto! Me siento tan vivo, tan presente...». Y después, lo siguiente que sabes es que te sientas y, ¡bam!, hasta que suena el gong estás completamente perdido en una fantasía y te sientes tan frustrado contigo mismo que te dan ganas de tirarte por un puente. Trungpa Rinpoche solía decir que eso es algo muy positivo, porque te lleva a ser humilde. En una ocasión indicó: «Nuestras mentes son grandes maestras, porque tenemos suficiente conciencia y alerta creciente o amabilidad creciente para animarnos». Y señaló que eso puede hacer que nos sintamos muy arrogantes. En otras palabras, este carácter discursivo y nuestra incapacidad para superar por completo a la mente desbocada y adormilada, nuestra humanidad, nos hace estar en equilibrio.

La tercera palabra que me gustaría que retuvieras cuando se trata de tus pensamientos es «humor». Amabilidad, paciencia y sentido del humor. Tener sentido del humor por el hecho de que tu mente sea como un mono salvaje. Ken MacLeod, en su libro *Wake Up to your Life* (Despierta a tu vida), nos muestra una gran frase de Gunaratna, un maestro de meditación theravada. Dice: «En tu práctica no tardarás en darte cuenta de que estás completamente loco. Tu mente es como un cubo de basura chiflado que grita». Describe esta vívida imagen de una mente realmente salvaje. Y añade: «No importa. Siempre ha sido así, y la buena noticia es que por primera vez te estás dando cuenta».

Nuestros pensamientos son como el tiempo, pasan de largo. Cuando practiquemos no necesitamos apegarnos a ellos, no necesitamos que sean completamente sólidos. Al fin y al cabo son pensamientos, no el momento presente. Deja que pasen por el gran cielo de tu mente.

10

UTILIZAR LOS PENSAMIENTOS COMO OBJETO DE MEDITACIÓN

En la primera parte, en la que ofrecía una guía básica de la meditación, te aconsejaba que hicieras de la respiración tu objeto de meditación. Pones la atención en la respiración, concretamente en la espiración, y cuando tu mente divague, vuelves a ella.

A medida que comiences a hacer de tu práctica una rutina, puedes empezar a jugar utilizando otros objetos para la meditación. Por ejemplo, puedes emplear los propios pensamientos como apoyo para permanecer despierto. Parecería que hacer esto va contra la intuición, pero pueden ayudarte a estabilizar la mente. ¡Además, tenemos tantos pensamientos con los que trabajar! Tsokny Rinpoche aseguraba que una buena analogía sería como ser el portero de un hotel caro y elegante. El portero abre la puerta y los clientes entran. Estos se pasean por el hotel y luego salen, pero el portero no los sigue a todos lados. Del mismo modo, nuestros pensamientos entran y se van, y nosotros, los porteros, solo abrimos la puerta, nos damos cuenta de que están y cerramos la puerta, una y otra vez. Los pensamientos vienen, los pensamientos se van, vienen y se van...

Pon el cronómetro para una meditación de quince minutos. Para empezar, haz todo lo que te he enseñado en la primera parte del libro: asiéntate, busca la postura, conecta con la respiración. Durante un minuto relaja el cuerpo, relaja la mente y vuelve a la respiración.

A continuación, observa tu mente. Date cuenta de los pensamientos, y simplemente determina si son muchos o pocos. ¿Se trata de un continuo flujo de pensamientos o solo hay unos cuantos en un sitio y luego unos cuantos más? ¿Te vienen a la mente unas frases y después una especie de espacio hasta que los pensamientos comienzan otra vez? ¿O hay un montón de espacio, después unas cuantas palabras y a continuación otro montón de espacio? ¿Crean tus pensamientos un diálogo continuo? ¿Estás cansado y albergas una gran cantidad de pensamientos tontos? Simplemente sé consciente de todo ello. Esos son tus pensamientos, tal como son ahora mismo. La intención es llevar la mente a los propios pensamientos, y el método para hacerlo consiste sencillamente en observar.

Cuando hayas terminado de observar los pensamientos y el modo en que funcionan, relájate.

Mingyur Rinpoche señala que cuando estás solo con la mente y tus pensamientos como objeto, y eres completamente inconsciente y te ves arrastrado por ellos, de vez en cuando dices «¡ay!» y vuelves. Y señaló que estos momentos en que dices «¡ay!» son realmente instantes de pura meditación en los que estás totalmente centrado en el momento presente. Allí la mente vuelve de forma natural. No es algo forzado. Puedes meditar durante años y años y no conseguir que ocurra nunca. Y sin embargo, ocurre aquí, en este momento fresco e inmediato en que te atrapas a ti mismo para volver. Surgirán pensamientos, y cuando lo hagan, deja que pasen. La idea de que los pensamientos puedan ser amigos o aliados, más que un obstáculo o algo contra lo que tengas que luchar, es muy radical. No obstante, si nos llaman la atención sobre el flujo discursivo de nuestra mente y nos traen de regreso al momento presente, te aseguro que vale la pena considerarlos así.

11

CONSIDERA TODOS LOS DHARMAS COMO SUEÑOS

Otro de los lemas lojong con los que me gusta trabajar al enseñar a meditar es: «Considera todos los *dharmas* como sueños», lo cual supone decir: «Considera todos los pensamientos como si fueran un sueño». Esto es una especie de guía de meditación en la que se nos señala que cuando nos sentamos a meditar podemos empezar a darnos cuenta de que nosotros lo creamos todo, todos los pensamientos, con nuestra mente. No son sólidos. No son algo tangible que podamos agarrar, sino conceptos, interpretaciones, hechos de nuestro condicionamiento.

En otras palabras, ya estemos pensando en una playa en Las Bahamas, en nuestra pareja o en qué vamos a comer, puede parecer muy real. Sin embargo, Las Bahamas no están frente a ti. Y no tendrás la comida en la mesa hasta después. De modo que, una vez más, cuando nos damos cuenta de que está teniendo lugar este proceso, lo reconocemos y lo llamamos *pensamiento*. Cuando decimos «pensamiento», es como reconocer que nuestros pensamientos son una ilusión, un sueño. Las ilusiones que creamos con la mente, a las que llamamos «pensamiento», mientras estamos sentados meditando, pueden crear miedo, alegría, tristeza, asombro, ira..., toda la gama de emociones. Los pensamientos nos pueden hacer llorar o reír. Muchos de ellos tienen un enorme contenido emocional. En la vida cotidiana estamos rodeados de estos pensamientos, que hacemos realmente sólidos en nuestra mente. De modo que cuando decimos: «Considéralos como sueños», nos conducimos a nosotros mismos hacia algo que mucha gente ha descubierto a lo largo de los tiempos sobre la naturaleza de la realidad: no es tan sólida como creemos.

Aceptar esta intangibilidad de nuestros pensamientos, con su falta de realidad, puede liberarnos del sufrimiento y la angustia. Un pensamiento de temor se puede desarrollar hasta convertirse en todo un guion que nos puede causar gran dolor e inquietud; y esta tendencia tiene la capacidad de destruir la cualidad de nuestras vidas y nuestra habilidad para conectar con los demás. Nuestros pensamientos a menudo se intensifican, y la meditación nos ayuda a aprender a aminorar el sufrimiento que nos producen. Les damos demasiada importancia a los pensamientos; sin embargo, al igual que los sueños, no tienen una sustancia real: son como burbujas, como nubes. Así, cuando te das cuenta de que has estado pensando, puedes tocar el pensamiento y dejar que se vuelva a disolver en el inmenso cielo azul. No estás cazando pensamientos con la escopeta, como en el tiro al plato, ni cortándolos con la espada, ni aplastándolos con un martillo.

En realidad no hay nada allí. Solo dejas que se vuelvan a disolver en el vasto cielo azul, como si tocaras una burbuja con una pluma.

¿Has tenido alguna vez la experiencia de despertarte en un sueño? Es lo que se denomina «sueño lúcido», volverse lúcido. Despertarse en un sueño es una experiencia bastante poderosa en la que realmente te das cuenta de que solo era un sueño. Yo he pasado por varias de esas experiencias de sueño lúcido, y es muy interesante porque cuando le empiezas a prestar atención, te haces consciente de que el modo en que aparecen las cosas en los sueños con frecuencia nos puede hacer sentir que son completamente reales. Si tiras algo en un sueño lúcido, se cae, hace ruido y probablemente se rompe. Vas por la calle y ves todo un paisaje, y es como estar despierto.

Si has tenido una experiencia continua de sueño lúcido, empiezas a cuestionarte realmente si existe alguna diferencia entre la vigilia y el sueño. Pues bien, nuestros pensamientos no son diferentes, son como sueños. Podemos elegir despertarnos para volver a entrar en el momento presente, en el que todo es muy vívido. Nos podemos conceder un gran descanso aprendiendo a dejar que la mente se relaje, y no atrapar ni concretar nada. No necesitamos apegarnos con tanta fuerza a nuestras mentes, darles tanta importancia a nuestros pensamientos o permitir que estos nos lleven a una profunda madriguera laberíntica.

Cuando dices: «Todo es sueño», otra manera de expresarlo es: «Hay mucho espacio». Disponemos de un vasto espacio para movernos. Nuestras mentes no tienen límite. No estamos constreñidos por nada. Sin embargo, nuestra experiencia habitual es todo lo contrario. Nuestra experiencia es normalmente bastante claustrofóbica, y llevamos con nosotros una gran sensación de carga. Si podemos relajar el control que ejercen sobre nosotros los pensamientos, considerándolos sueños, habremos hecho el mundo y nuestra capacidad para experimentarlo eternamente más grandes.

TERCERA PARTE

TRABAJAR CON LAS EMOCIONES

La forma inteligente de trabajar con las emociones consiste en intentar relacionarnos con su sustancia básica. La «-idad» de las emociones, su naturaleza fundamental, es solo energía. Y si somos capaces de relacionarnos con la energía, las energías no tendrán problemas con nosotros. Se convertirán en un proceso natural.

CHOGYAM TRUNGPA RINPOCHE,
El mito de la libertad y el camino de la meditación

12

Intimar con nuestras emociones

Para mí, trabajar con las emociones en la meditación es una cuestión importante. Con frecuencia nuestros pensamientos son bastante ligeros. Pensamos: «¿Qué habrá para comer?», o «¿Puse la lavadora esta mañana?». A veces tenemos los pensamientos más extraños. Quizás te acuerdes de tu abuela comiendo cebollas crudas. ¿De dónde surge eso? En ocasiones te llevan lejos. Normalmente lo hacen. Pero muchas veces no conllevan mucha emoción. Es como si vinieran y se marcharan como el viento, pequeños detalles que pasan por la mente. Te puedes quedar atrapado en este mundo fantástico, pero por otro lado, es algo ligero. Cuando te das cuenta de que estás pensando, catas el pensamiento, dejas que se vaya, y ya estás en el momento presente. Quizás solo dure medio segundo. Pero si te sientas a meditar más tiempo, inevitablemente surgirán recuerdos dolorosos. Con frecuencia luchas contra tus sentimientos, y hay mucha emoción implicada.

La directriz que he dado durante años es: «Cuando estés meditando —e incluso en la vida diaria—, date cuenta de cuándo estás atrapado, airado o exaltado». Ese es el primer paso. Reconoces que ha surgido la emoción. Después aconsejo a los estudiantes que abandonen el guion y se relajen. Simplemente detente un segundo y conecta con la espaciosidad, la apertura. Yo lo denomino «práctica de la pausa». Es como tomarte un tiempo para ti mismo y dejarte llevar por la cualidad, la textura o la *experiencia*, tocando completamente la emoción, sin la historia que trae consigo. ¿Qué se siente con la tristeza? ¿Qué se siente con la ira? ¿En qué parte de tu cuerpo se encuentra? Dejas que el sentimiento de la emoción se convierta en el objeto de tu meditación. Y la razón de que me haya sentido tan comprometida a enseñar esto es que la propia emoción es un modo muy radical y potente de despertar. Sin duda, ahí es donde falla todo el mundo. Tenemos demasiado miedo y aversión a nuestras emociones. Así, quedas atrapado en la importancia de la emoción, y esta te arrastra como si estuvieras bajo su control. Pero he descubierto que puedes enfocarlo de otra manera, que consiste en *introducir* las emociones en tu práctica, porque en realidad pueden otorgarte mucho poder.

Yo denomino al trabajo con las emociones «transformación acelerada». Cuando experimentas emociones difíciles en la meditación y permites que las palabras y la historia que hay detrás de la experiencia pasen, estás sentado solo con la energía. Sí, puede ser doloroso. Resulta gracioso que a veces, cuando hago retiros, vienen de la televisión y graban a la gente meditando, y parece como si todo el mundo que está ahí sentado estuviera completamente sereno. Si pudieras ver bocadillos de diálogos sobre sus cabezas, o sentir lo que les está ocurriendo, puede que te cayeras de espaldas. La persona que tienes a tu lado no sabe que tú estás reviviendo de forma gráfica, con todo lujo de detalles, una historia terrible de tu infancia, o que atraviesas por una profunda depresión, o que estás teniendo el pensamiento más pornográfico del mundo.

Con frecuencia el aspecto que ofrecemos y lo que está ocurriendo en nuestro interior son dos realidades completamente diferentes. Permanecemos sentados en posición de Buda, y puede parecer que no estamos experimentando nada más que apertura y serenidad. No obstante, yo creo que Buda tuvo la misma experiencia que nosotros. Para él, como para nosotros, la meditación no era siempre sentarse en total serenidad. Hay una escena en una película llamada *El pequeño Buda* en la que se utilizaron efectos especiales para reflejar los miles de emociones y tentaciones que intentaban seducir a Buda. Se le aparecían desde mujeres maravillosas y oportunidades de poder hasta imágenes terribles. La idea de que Buda estaba completamente tranquilo y que no experimentaba ninguna emoción por nada no es cierta. Cuando alcanzó la iluminación, aprendió a estar asentado *con* todos esos tipos de sentimientos que discurrían por él.

Al igual que Buda, puedes llegar a conocer tu propia energía y sentirte bastante asentado con ella. Intimas con tu propia energía, y esta ya no gobierna tu vida. En realidad tu condicionamiento no desaparece; simplemente ya no te controla. En muchos sentidos, es muy importante que intimemos con nuestras emociones. A veces, incluso es cuestión de vida o muerte.

Quiero contarte una historia sobre mi nieta. Su madre, mi nuera, murió cuando mi nieta tenía diecisiete años. Murió de alcoholismo. Llevaba mucho tiempo con esa adicción, desde que su hija tenía dos años. En una ocasión se recuperó y estuvo sobria durante diez años, pero luego volvió a caer. En aquella época, como parte de su solicitud de una plaza en la universidad, mi nieta tenía que escribir un ensayo. Uno de los temas sobre los que podía escribir era sobre una experiencia transformadora, y la primera línea de su ensayo decía: «Mi madre murió el 1 de diciembre de 2009». Ese ensayo fue muy importante para mí porque en él explicaba cómo su madre había muerto de alcoholismo, y contaba: «Todos los amigos de mi madre de Alcohólicos Anónimos me decían, y yo sabía que era verdad, que el alcohol es una enfermedad de la cual es muy difícil librarse una vez que se apodera de ti, y eso es lo que le ocurrió a mi madre». A continuación añadía: «Sabía que eso era verdad, pero sentía que el hecho de que bebiera era un síntoma de otra cosa, de modo que mientras mi madre estaba en el hospital en coma, yo no hacía más que escribir, intentando recopilar todo lo posible sobre ella: mis propios recuerdos, anécdotas que me había contado sobre sí misma, cosas que habían dicho sus amigos sobre ella... Intentaba imaginarme quién era mi madre, porque yo me parezco mucho a ella, y quería saber en qué punto se perdió y qué es lo que le ocurrió para que muriera tan joven». Mi nuera falleció cuando tenía cuarenta y ocho años.

En sus escritos, mi nieta llegó a la conclusión de que su madre tenía una idea fija de sí misma, que pensaba que era de cierta manera. Y decía que tanto nosotros como todo lo que tiene que ver con nosotros está cambiando siempre. Después añadía: «Cuando te apegas a una idea fija de ti mismo, tienes que abandonar todas las partes que te parecen aburridas, embarazosas, difíciles o tristes. Dejas las emociones que no quieres sentir. Y cuando lo haces, todas esas partes que no son aceptables te reconcomen por dentro. Están siempre ahí como un murmullo de fondo, devorándote. Esas partes no reconocidas te están devorando y tienes que encontrar una vía de escape para liberarte de ellas». Y concluía: «Y la vía de escape de mi madre era el alcohol».

Para estar totalmente presentes, para experimentar la vida con completa plenitud, necesitamos reconocer y aceptar todas nuestras emociones, todas nuestras partes, incluidas las que son embarazosas, las emociones de ira, rabia, celos, envidia, autoconmiseración..., todas esas emociones caóticas que nos arrastran. Buscar una salida para experimentar toda la variedad de nuestra humanidad nos conduce a todo tipo de dolor y sufrimiento. Y la meditación nos da la oportunidad de experimentar nuestras emociones desnudas, frescas, libres de toda etiqueta de bueno o malo, debes o no debes.

13

EL ESPACIO DENTRO DE LA EMOCIÓN

Una de las frases que más me gustan del libro de Gaylon Ferguson *Natural Awareness* (Conciencia natural) es: «La distracción está casada con el descontento». Lo puedes comprobar en tu propia experiencia. No hay nada tan real y tan directo y, con frecuencia, tan contrario a lo habitual como estar presente, tal como es, contigo tal como eres, con tus emociones tal como son. Aunque es difícil, el resultado de ese ejercicio es la ausencia de lucha, no rechazar tu experiencia, sino implicarte completamente en ti mismo, en el mundo, estar ahí para otras personas. Otro resultado de volver a estar contigo mismo, tal como eres, es que las emociones no se intensifican.

Lanza una piedra al agua, y ¿qué ocurre? Se forman ondas. Y si es una piedra lo suficientemente grande, puede agitar una barca que se encuentre en la otra orilla del lago. Del mismo modo, hablando en términos generales, cuando surge una emoción y la reconoces –¡Ay, me estoy poniendo nervioso. El corazón me late muy rápido!, ¡Tengo miedo!, ¡Tengo resentimiento!, ¡Estoy excitado!–, en ese momento hay un espacio. Por el mero hecho de reconocer o de estar lo suficientemente presente, de ser lo suficientemente consciente, hallarás ese espacio, y en él yace tu habilidad para escoger cómo vas a reaccionar. Puedes estar presente en aquello que estés sintiendo, sea lo que sea –con la intensidad, el calor, la tensión o el nerviosismo de la emoción– o bien quedarte atrapado en ello y ser arrastrado, lo que generalmente significa que comienzas a hablar contigo mismo sobre lo que está ocurriendo. Lo remueves cada vez más, y es como si las ondas siguieran extendiéndose cada vez más lejos.

Cuando eliges reforzar la emoción, cuando eliges exagerarla, cuando eliges que la emoción te gobierne, que te arrastre, comienza toda una reacción en cadena de sufrimiento. En la meditación enseñamos a dejar que la piedra, la emoción, caiga sin producir ondas. Simplemente te quedas con la emoción en lugar de volver a la reacción automática, a ese hábito que te ha perseguido durante años. Y créeme, el hecho de hacer durante dos segundos algo tan radical, tan contrario a lo habitual, el hecho de no desencadenar la reacción, abre completamente tu vida para que trabajes desde el espacio de la conciencia abierto. Además, si *no rechazas* las emociones, estas se convierten en tus amigas, en tu apoyo, y te estabilizan haciendo que tu mente vuelva a su estado natural y abierto.

Las emociones te ayudan a estar más plenamente despierto y presente, a ser consciente en lugar de inconsciente, a estar presente en lugar de distraído. Aquello que ha sido negativo en tu vida tiene la capacidad de arrastrarte o de convertirse en un auténtico amigo, en un apoyo. Es una forma completamente distinta de vivir, una forma completamente distinta de contemplar las mismas viejas experiencias.

14

LAS EMOCIONES COMO OBJETO DE MEDITACIÓN

Las emociones son la emanación de la energía dinámica natural de la vida. Del mismo modo, los pensamientos también son una emanación natural y espontánea. Todo lo que ocurre, ocurre de forma natural; en realidad no te *inventas* nada. Algo sucede, y tú puedes invitarlo a que sea tu amigo, a que te ayude a tu despertar. Las emociones no tienen por qué ser negativas y aterradoras, ya que no son más que energía. Nosotros somos los que las etiquetamos como «buenas» o «malas».

Incluso aunque cada uno de nosotros vivimos una experiencia única con nuestras emociones, estas son una experiencia universal. Cuando surge una emoción, todo el mundo tiene la misma opción. Todo el mundo sabe cómo reforzar los antiguos hábitos de ira, hacer que se intensifiquen, o sentir resentimiento y autocompasión. Eso se nos da muy bien.

Pero al mismo tiempo, tú eres el único que experimenta esa emoción, incluso aunque tus amigos y familiares puedan decirte lo que estás pensando y sintiendo. De modo que se trata de algo realmente único, que no hay por qué etiquetar como bueno o malo. Es lo que es.

Durante cinco segundos intenta entrar en contacto con una emoción desagradable. ¡No te recomiendo que empieces con algo realmente traumático! Todos nosotros tenemos recuerdos o sentimientos desagradables que nos bloquean totalmente. Entra en contacto con algo así como la rabia que sentiste cuando alguien cogió la última galleta o lo mal que te sentó que fulanito te interrumpiera mientras estabas hablando. Comienza con una molestia leve. Al trabajar con las «emociones leves», nos hacemos más fuertes, como si estuviéramos haciendo ejercicio en el gimnasio. Empieza en el punto en el que estás, y a medida que trabajes, tendrás más fuerza. Al utilizar las emociones leves (una leve irritación o una ligera ansiedad), lo creas o no, estás tomando fuerza para trabajar con otras realmente difíciles.

Siéntate durante un minuto y busca un recuerdo que puedas usar en este ejercicio. Quizás sea el recuerdo de una crítica que recibiste. A continuación busca una emoción placentera. Encuentra un recuerdo o una imagen que te evoque una emoción agradable, como por ejemplo aquella ocasión en la que te alabaron por algo. Durante un momento, piensa en eso, en ese recuerdo positivo.

Comienza la sesión de meditación con una emoción dolorosa y otra agradable en la mente. Dirige la mente a la respiración, deja que esta sea el apoyo, permítele que sea tu amiga para entrenarte en el hecho de estar presente. Si la mente divaga, como suele ser lo habitual, vuelve a la respiración. Haz esto durante un breve período de tiempo, quizás cinco minutos, y después descansa en una conciencia abierta.

Ten presente que en el espacio puede surgir cualquier cosa, que se convertirá en el objeto o el apoyo de tu práctica. De modo que ahora lleva a la conciencia la emoción desagradable y pon la atención en esa emoción. Intenta entrar en contacto con la textura de ese sentimiento. Si alguien te pidiera que describieras el sentimiento de la emoción, ¿cómo lo harías? Pon toda la atención en la propia emoción, tal como es. A algunas personas les resulta útil sentir su temperatura, su textura o su localización en el cuerpo. Para algunos resulta muy fácil, pero para otros es bastante difícil. Haz todo lo posible para estar presente con la emoción desagradable, practica esto durante un breve período de tiempo y después vuelve a descansar en una conciencia abierta. Si en ese punto tu mente se distrae, recupérala con suavidad sin poner etiquetas de bueno o malo. Con frecuencia nuestras emociones nos conducen a la historia o a los pensamientos. Cuando surjan los pensamientos, frecuentemente provocados por la emoción, sé consciente de ellos y llévate a ti mismo al sentimiento de la emoción. Allí, en la inmediatez de la emoción, sintiéndola, tienes la posibilidad de pasar a una gran apertura y aceptación —y descubrirás que eso es muy liberador y, al final, te asentará bastante—. Te animo a que seas curioso con tus emociones y te permitas adentrarte en ellas para que puedas experimentar esa apertura. Así es como se abre el corazón. Así es como surge la compasión, hacia uno mismo y hacia los demás.

A continuación, repite el mismo ejercicio, esta vez recordando una emoción agradable.

Por mucho que te diga el maestro, no logrará impedir que sigas la huella de las emociones, de ellas al pensamiento y de ahí a una emoción que se va intensificando. Necesitas entrar en las emociones. Siéntate en meditación con ellas, date cuenta de cómo te están obstaculizando. Las emociones son como la cualidad fluida, viva y dinámica del agua, y, al empujarlas o permitir que se intensifiquen, dejamos que se congelen y se conviertan en hielo. De ese modo les otorgamos realidad, por lo que tienen mucho poder sobre nosotros. Por eso practicamos continuamente el hecho de volver al objeto de la meditación como método para interrumpir ese carácter sólido. Lo que realmente estamos interrumpiendo es el deseo de atrapar y la solidez.

Espero que a medida que pasen los años te vayas sintiendo más motivado a hacer esto cada vez que sientas que tu mente mono ha estado divagando en muchas direcciones; que te sientas realmente motivado a regresar y a descubrir la verdadera naturaleza de tu mente. Así te permites a ti mismo conectar con el estado natural y abierto de tu mente, y empiezas a disolver ese antiguo patrón habitual de solidificar y atrapar. La meditación nos ayuda a interrumpir esa obsesión por las emociones de un modo no agresivo, suave, amigable, porque en este proceso buscamos la relajación y la espaciosidad. Aprendemos a reconocer la fluidez de nuestras emociones al sumergirnos en ellas y dejar que pasen como nubes por el cielo.

15

MANCHARSE LAS MANOS

Estaba leyendo una transcripción de una charla de Ponlop Rinpoche en la que decía: «En el proceso de destapar la naturaleza búdica, en el proceso de destapar la cualidad abierta, no sólida, de nuestra mente, tenemos que estar dispuestos a mancharnos las manos». En otras palabras, necesitamos estar dispuestos a trabajar con nuestras emociones más molestas, aquellas que nos parecen completamente oscuras. Todos nosotros tenemos experiencias emocionales que parecen sacadas de una película de terror, y, para experimentar el estado natural, hemos de estar también preparados para experimentarlas; en realidad, para *experimentar* nuestro ego, nuestro ego que se apega. Esto puede parecer bastante perturbador y negativo, incluso enloquecedor. A la mayoría de nosotros, consciente o inconscientemente, nos encantaría que la meditación fuera una sesión muy tranquila en la que no tuviéramos que entrar en contacto con nada desagradable. En realidad muchas personas creen erróneamente que de eso trata la meditación, que su práctica lo abarca todo excepto lo que nos hace sentir mal. Y se supone que hay que etiquetar como «pensamiento» cualquier cosa que nos haga sentir mal y echarla a empujones. A la más mínima señal de pánico de que vas a experimentar algo desagradable, utilizas la etiqueta «pensamiento» como forma de reprimirlo y te apresuras a volver al objeto de meditación, con la esperanza de no regresar a ese incómodo lugar.

Sin embargo, Ponlop Rinpoche añadió algo realmente importante: si no tenemos una experiencia directa de nuestras emociones, nunca podremos tocar el corazón de la naturaleza búdica. Nunca podremos escuchar el mensaje del despertar. La única salida, por decirlo de algún modo, es pasar por ahí. Pero ¿qué significa la palabra «experimentar»? ¿Cómo podemos *experimentar* las emociones, todos esos sentimientos negativos, perturbadores y desconcertantes que normalmente evitamos? ¿Cómo nos manchamos las manos con todo ello?

Ponlop Rinpoche dijo: «Solo saboreando realmente tu experiencia de las emociones podrás llegar a saborear la iluminación». La naturaleza búdica y el estado natural no están únicamente hechos de emociones agradables; la naturaleza búdica lo abarca todo. Ya sabes, es lo tranquilo y lo perturbado, lo agitado y lo sereno, lo dulce y lo amargo, lo cómodo y lo incómodo. Incluye abrirse a todo esto y se encuentra en medio de todo. Dado que percibimos dualísticamente y pensamos en «blanco» y «negro», etiquetándolo todo como «bueno» o «malo», cuando surge una fuerte energía, nos cerramos. Asociamos esa fuerte energía con diversos pensamientos –con recuerdos o con ideas del futuro– y ocurre algo indescriptible que denominamos «sentir una emoción». No obstante, una emoción es esencialmente pura energía, pero dada la percepción dualista, la identificamos como «yo», y se queda encerrada. La energía se congela. En una ocasión mi maestro Trungpa Rinpoche dijo: «Las emociones están compuestas de energía que se puede comparar con el agua, y de un proceso de pensamiento dualista que se puede comparar con el pigmento o la pintura. Cuando la energía y el pensamiento se mezclan, se convierten en emociones brillantes y coloridas. El concepto le da a la energía una localización particular, una sensación de relación que hace a las emociones brillantes y fuertes. La razón fundamental por la que las emociones son incómodas, dolorosas y frustrantes es porque nuestra relación con ellas no es muy clara».

Lo que quiero explicar con esto es que la energía por sí misma no constituye un problema. Siempre asociamos nuestras emociones con los pensamientos sobre nosotros mismos o sobre otra persona, como cuando tenemos miedo de algo, estamos enfadados con alguien, nos sentimos solos o avergonzados o albergamos deseos libidinosos. Nuestras emociones conllevan una gran carga de conversación mental; y, según me ha enseñado mi experiencia, con frecuencia es difícil distinguir entre el pensamiento y la emoción. En cualquier sesión de meditación, en cualquier media hora de nuestras vidas, hay un montón de pensamientos que vienen y van. Pero no necesitamos esforzarnos demasiado por clasificarlos. No precisamos darle demasiada importancia a lo que surge, y tampoco tenemos que identificarnos tanto con nuestras emociones. Lo único que tenemos que hacer es permitirnos experimentar la energía, y cuando llegue el momento pasará a través de ti. Lo hará. Pero tenemos que experimentar la emoción, no limitarnos a pensar en ella. Es lo mismo que he estado diciendo de la respiración: experimentar cómo entra y sale el aire, tratar de encontrar una manera de inspirar y espirar sin pensar en la respiración, conceptualizarla o contemplarla.

Con frecuencia describo esto como tener una «sensación sentida» de nuestras emociones. Puede que este término no sea el adecuado para ti. Por ejemplo, puedes tener una experiencia de pánico. Es probable que desarrolles en tu mente pensamientos acerca de ello, pero si hay algún modo de que a través de la meditación puedas, aunque sea solo por un momento, interrumpir la conversación mental, en ese caso puedes tener una experiencia real de pánico, una experiencia no verbal. Puedes permitirte a ti mismo ser consciente físicamente del pánico. Sentirlo, notar cómo te atrapa y te aprieta. Y tal vez sea algo incluso más profundo, una manifestación física del pánico, como cosquilleo, calor, frío o una punzada en el pecho.

Una de mis primeras experiencias de sentir realmente una emoción fue muy interesante. Estaba atravesando un período de mucha angustia que no era capaz de superar. Esto ocurre frecuentemente. La persona que me estaba provocando esa emoción no se iba de mi vida. De hecho, ambas vivíamos en la misma abadía, en habitaciones muy cercanas, y estaba haciendo que surgieran en mí antiguos recuerdos y condicionamientos. Es lo que sucede con frecuencia con las emociones intensas. Tenemos muchas de ellas encerradas en nuestro interior. Puede ser bastante irracional. Es como si fuéramos perros que al oír cierto sonido se asustaran. Vemos una determinada expresión facial, o alguien nos trata de determinada manera, o percibimos un determinado tono de voz de alguien que nos recuerde algo, y de repente, sin venir a cuento, surge todo este sentimiento sentido quizás de terror, de miedo o de profunda tristeza. Normalmente ni siquiera somos conscientes de ello. Reaccionamos como siempre lo hemos hecho. Para mí en este caso concreto lo que estaba surgiendo era un sentimiento de impotencia, porque aquella mujer me despreciaba profundamente, pero no me lo decía y debido a ello me provocaba esos sentimientos de impotencia, de ser incapaz de controlarlo, de no lograr que todo se arreglara. No pude conseguir gustarle, ni que habláramos sobre el tema.

Era imposible que mis estrategias normales funcionaran, de modo que estaba desnuda con ese pavor recurrente, encontrándomela constantemente por las salas. Cuando pasaba a mi lado fríamente, ¡ay!, hacía que surgieran siglos de condicionamiento y de heridas sentidas. Pero pensé: «Esta es mi gran oportunidad. Quizás si realmente me enfrento a esto, no tendré que soportar que vuelva a surgir en esta vida y quizás tampoco en la otra». De modo que una noche llegué a la sala de meditación y me senté allí durante toda la noche, porque estaba sufriendo mucho y no sabía qué hacer. Y prácticamente no pensé debido precisamente a ese sufrimiento.

A veces el dolor paraliza completamente el pensamiento; solo estás sentado en el dolor y es como si te hubieras quedado mudo a todos los niveles. Entonces empecé a experimentar qué era lo que me estaba ocurriendo con ella. Y tuve un recuerdo corporal de ser muy pequeña, y no fue una experiencia traumática ni nada de eso. Solo me di cuenta —a nivel celular— de que toda la estructura del ego, toda mi personalidad, estaba diseñada para no ir nunca a ese lugar en el que experimentaba esa sensación concreta. Comencé a tener una profunda sensación de incompetencia, como si yo no valiera para nada. Y me di cuenta de que lo que estaba experimentando era la muerte del ego. Completamente. Desde esa experiencia sentida me empecé a dar cuenta del poder que tienen las palabras, los pensamientos y nuestras emociones para desviarnos del camino. Nuestra estrategia siempre consiste en apartarnos de la experiencia sentida. De modo que ya sea una emoción enorme, como era esta —un tipo de dolor central en nuestra estructura del ego—, una emoción fuerte o solo una suave, quedamos atrapados y envueltos fácilmente en la historia y en los pensamientos que rodean a la emoción. Y desde allí, las emociones se intensifican y nos esclavizan.

Tienes que mancharte con las emociones. La meditación nos permite sentirlas, vivirlas, saborearlas completamente. Nos ofrece un gran enfoque de por qué hacemos lo que hacemos, por qué los demás hacen lo que hacen. Y de esto, nace la compasión. También permite que comience a abrirse la puerta a la naturaleza búdica y a la espaciosidad completa y abierta que se da cuando no bloqueamos nuestros sentimientos. Una vez que fui capaz de permitirme tener una sensación sentida de mis emociones, fue completamente liberador.

Tal como decía Ponlop Rinpoche: «Hasta que empiezas a relacionarte realmente con las cosas desfavorables o desagradables como parte de la meditación, aunque no lo son todo, hasta que empiezas a trabajar con ellas, no tienes las condiciones necesarias para transitar por un camino de despertar».

16

MANTENER LA EXPERIENCIA

Achen Amaro, maestro de *dharma* inglés, dijo: «Lo que amenaza al ego es liberador para el corazón». Lo que estaba indicando es que practicamos la meditación porque es un modo de desentrañar y disolver los hábitos que nos limitan a la hora de abrir nuestros corazones. Aunque vaya realmente en contra de la intuición, cuando sentimos una emoción que parece completamente amenazadora y horrible, es el momento de mantenerla. Como dije antes, Trungpa Rinpoche asegura que la emoción —en realidad la definición de la emoción— es energía mezclada con pensamientos. Si puedes dejar que pasen los pensamientos o interrumpir la conversación, queda solo la energía. Pero tienes que observar esto de cerca en la meditación: una emoción intensa distrae tu atención *fuera* de la respiración. No distrae tu atención *hacia* la emoción. Tú pensarás que te distrae de la respiración *hacia* la emoción. Pero el hecho es que te distrae fuera de la experiencia. Eso es lo que ocurre. Surge una emoción intensa, y lo siguiente que hacemos con nuestra mente, con nuestras palabras o con nuestras acciones nos distrae de la energía.

En los últimos capítulos, he intentado señalar la importancia de experimentar emociones como parte de nuestro camino de despertar, de vivir vidas más plenas. Esto es algo que hacemos cuando practicamos la meditación, pero que también debemos hacer a lo largo de todo el día, porque sin duda las emociones tienden a surgir en lo que denominamos la posmeditación. Quizás eres una de esas personas para las que, cada vez que se sientan a meditar, todo es suave y no surge nada. Eso nos ocurre a muchos de nosotros, especialmente al comienzo de nuestra práctica. Pero tan pronto como tienes una rotación de tarea en un retiro y te toca trabajar con alguien que no te gusta o hacer una llamada que no quieres hacer, surge la emoción furiosa. Observa cómo puede agarrarte por el cuello y controlarte en esas situaciones.

Cuando surge una emoción intensa, distrae nuestra atención. Digamos que estamos practicando la atención, el hecho de estar presentes, relajados y abiertos al momento presente. Estamos practicando para tener una atención suave y abierta a todo lo que está ocurriendo mental, visual y auditivamente. Una apertura completa a lo que está surgiendo. Sin embargo, cuando surge una emoción intensa, lo habitual es que nos distraiga. En la meditación, aleja tu atención de la respiración, quedas completamente atrapado en ella y permaneces fuera, porque está mezclada con tus pensamientos.

Normalmente, cuando ocurre esto recurrimos a una especie de estrategia: o bien luchamos y pasamos a la agresión, creando un guion sobre «ellos», «yo» o «si al menos...» –planeando maneras de destruir, culpar, vengarnos– o bien pasamos a una estrategia de buscar la comodidad. Corremos y nos escondemos de la emoción. Nos distraemos viendo la televisión, comiendo o con otras adicciones, comportamientos para buscar placer. Puede que nos obsesionemos sobre cómo podemos librarnos de enfrentarnos a eso concreto, de sentirlo. Tal vez nos distraigamos evocando recuerdos agradables o planeando algo para el futuro. Otra manera en que podemos buscar la comodidad es apoyándonos a nosotros mismos pensando lo buenos que somos y lo bien que vamos a arreglar algo o cuánta razón tenemos. Y en todos estos casos, estas estrategias se apartan de la crudeza, de la realidad o de la inmediatez de la experiencia real.

Otro modo de responder cuando surge una emoción intensa es el control. Tenemos nuestros métodos o estrategias para intentar controlar la situación a fin de que vaya bien. Antes de que nos demos cuenta, estamos sintiendo un montón de emociones distintas que en realidad son distracciones del sentimiento original que surgió. Por ejemplo, sentimos una incomodidad inicial que es de la que realmente tenemos miedo, y puede que estemos llorosos, paranoicos, celosos, rabiosos o temerosos. Nuestras estrategias para alejarnos pueden ser bastante complicadas. Las estrategias para escapar pueden mostrarse de muchas maneras, incluso la enfermedad puede ser una de ellas. Yo he tenido muchas enfermedades. En realidad, no se trata necesariamente de una estrategia, pero si has estado mucho tiempo enfermo, empiezas a utilizarlo como tal. Surge una emoción fuerte, y te derrumbas en tu debilidad. Puede que tu enfermedad sea cierta, pero también la puedes usar. Date cuenta de qué empiezas a decirte a ti mismo cuando experimentas un sentimiento de enfado. ¿Qué es lo siguiente que ocurre? Es decir, ¿qué te dices a ti mismo? ¿Es tu mente muy crítica? ¿Estás siendo amable contigo mismo cuando surge la emoción?

Cuando trabajo con mis alumnos uno a uno, cuando surge la emoción intensa en la meditación se juzgan mucho a sí mismos. Dicen cosas como: «Nunca lo hago bien», «No puedo hacer esto» o «Esto es muy difícil». O bien te culpas a ti mismo o culpas a algo externo a ti: «Esta técnica es una idiotez» o «Esto es una pérdida de tiempo». Nos ponemos a nosotros mismos en todo tipo de pensamientos negativos. Y lo que con frecuencia les digo a mis alumnos es: «Simplemente quédate con la experiencia sin creerte la historia o las opiniones sobre ella. Sumérgete en tu cuerpo, empieza a inspirar y a espirar y trata a la vez de apegarte a la experiencia». «Quedarse con la experiencia» no significa que estemos intentando definirla. Más bien es un acto valiente de volvernos vulnerables y permitir nuestra humanidad; y desde aquí surge una calidez muy natural para nosotros mismos y para todos los seres. Te prometo que cuando te permitas a ti mismo experimentar realmente la crudeza de tus emociones, se te revelará una nueva manera de ver el mundo, de experimentar el amor y la compasión.

17

RESPIRAR CON LA EMOCIÓN

Cuando surge un sentimiento intenso, con frecuencia va acompañado de un patrón habitual intenso. Esto es a lo que me refiero cuando automáticamente empiezas a justificarte, a defenderte, a crear una historia, a buscar el placer o lo que tú hagas. Ahí es donde realmente nos quedamos parados en nuestro camino de despertar. Ese es el lugar donde podríamos hacer un enorme progreso si estuviéramos dispuestos a permitir que nuestros pensamientos y emociones se convirtieran en parte de nuestro camino. Cuando surja la emoción, ve al cuerpo e inspira y espira, mientras experimentas la emoción al mismo tiempo. Lo que quiero decir con esto es que si te diriges a la respiración sin experimentar al mismo tiempo la emoción, puede ser una forma de reprimir esta última.

Por ejemplo, surge la ira y te concentras en la respiración solo como forma de calmarte. Pero también quieres experimentar la energía que subyace en la ira hasta que ya no tenga poder sobre ti. El hecho de calmarte –inspirar y espirar– te ayuda un poco, pero la ira seguirá ahí para aparecer la próxima vez que surjan las causas y las condiciones. Está ahí, igual de fuerte, y tú sigues teniéndole tanto miedo como siempre, quizás incluso más, ya que cada vez que la reprimes le das más fuerza, le tienes más miedo, se opone más a ti. Y es mayor que tú.

De modo que experiméntala. Respirar es una forma de estar presente. Te ancla. Porque si solo te diriges a la experiencia sentida sin la respiración –esto es algo que hemos hecho otros meditadores, incluida yo– te puedes ahogar en ella. Eso te lleva a sentirte abrumado.

Necesitas respirar *con* ella, no respirarla para echarla fuera. Si se disipa, muy bien. Deja que sea así. Pero lo importante es experimentarla, ir a nuestra experiencia más que a nuestras estrategias o a nuestra forma conceptual de escapar. Estás inspirando la emoción para poder estar con ella. En realidad, tú eres la emoción. Si eso te sirve de ayuda, imagínate que estás inspirándola en el corazón. Esa es la base de la empatía, de ser capaz de ponerte en la piel de otra persona. Estás sintiendo ira, miedo, celos o pobreza; y, a medida que inspiras, puede que reconozcas que millones y miles de millones de personas sienten eso mismo justo en este momento, y lo han sentido en el pasado y lo sentirán en el futuro. Estás rozando con la punta de los dedos una experiencia universal. Puede que para ti tenga un guion especial, pero se trata de una experiencia universal.

No resulta fácil, pero es importante que te permitas experimentar cualquier sentimiento, cualquier resistencia que surja en ti. Por ejemplo, he descubierto que con frecuencia, cuando empezamos a trabajar con las emociones, hay mucha gente bastante perezosa, porque no quieren realizar ese trabajo. Si ese es tu caso, puedes experimentar la pereza. Estás pasando a una manera de incluir la aflicción emocional como camino del despertar.

Ken McLeod afirma que para experimentar algo verdaderamente en el momento hay dos salidas que eliges *no* tomar. Una, eliges no actuar hablando, haciendo. Otra, eliges no reprimir nada. Y esto es una enseñanza de la meditación estándar que puedes incorporar a toda tu vida: no actuar y no reprimir. Observa qué ocurre si no haces ninguna de esas cosas. Cuando actúas, la energía de tu emoción entra en acción. En otras palabras, la desvías de la auténtica experiencia real. Y he descubierto que cuando hacemos esto, la energía continúa volviendo una y otra vez. Por otra parte, cuando reprimes lo que ocurre, la energía de la que te estás intentando alejar se queda atrapada en tu cuerpo y se manifiesta como dolor físico o enfermedad.

Mingyur Rinpoche decía que cuando utilizas las emociones como apoyo o como un amigo, más que alejarlas o reprimirlas, pueden suceder tres cosas. La primera, al dirigir la atención a ellas, desaparecen. La segunda, puede que se intensifiquen. Eso es lo que normalmente me ocurre a mí. La tercera, que se queden igual. Y él asegura: «Desaparecen tal como son. Se intensifican tal como son. Permanecen tal como son». No se supone que debas obtener un determinado resultado. Y no tenemos que etiquetar esas experiencias como «buenas» o «malas». Algo que otros meditadores y yo hemos notado es que a lo largo del tiempo, cuando permanecemos con nuestras emociones y respiramos con ellas, se pueden transformar. Aquí es donde desarrollamos realmente la comprensión de que las emociones solo son energía, energía a la que apegamos nuestros pensamientos y nuestras historias. La ira se transforma en tristeza, en soledad o quizás incluso en felicidad. Todo eso puede ocurrir. Y si empiezas a notarlo, te diré: «Bienvenido al linaje de los meditadores».

18

ABANDONAR LA HISTORIA Y DESCUBRIR EL SENTIMIENTO

Tal como he mencionado antes, uno de los motivos de que nos perdamos tanto en nuestras emociones es que les adjudicamos nuestras propias historias. Hace tiempo descubrí (y para mí fue algo liberador) que lo que provoca la escalada de emociones —en la que te encuentras en un río, arrastrado por la corriente, perdiendo toda tu perspectiva, llevado por la soledad, la ira y la desesperación— es el guion. Nuestras emociones son como la piedra lanzada al agua, sin las ondas. Una emoción, sin la historia, es inmediata, afilada y cruda. La experiencia directa de la emoción no crea ondas; pero con el guion las ondas se hacen cada vez más grandes y se alejan cada vez más, hasta convertirse en olas y en vientos huracanados. El guion remueve las cosas.

¿Sabes qué música poner para hacerte llorar? Es muy sencillo, ¿no? Pones determinada canción, y creas la emoción de la tristeza. Las emociones son así, pero en realidad no necesitamos música. Tenemos la mente y los pensamientos, que pueden acelerar las emociones. Pero utilizarlas como objeto de meditación, como amigas, como apoyo, es como estar de pie en la orilla del río y observar.

En el monasterio Gampo, en el acantilado, sobre el océano, hay mástiles. Y experimentamos al poner banderas en ellos, porque ese es el sentido de los mástiles. A veces el tiempo es muy sereno y pueden verse esas bonitas banderas en la quietud de un viento ligero. En otras ocasiones hay vientos realmente fuertes que las rasgan en muy poco tiempo. La imagen del mástil y la bandera es muy útil para trabajar con los sentimientos y las emociones, porque el mástil está fijo y sostiene, y los vientos zarandean las banderas en todas las direcciones y las convierten en jirones; esos son los apuros que pasamos nosotros. Nosotros *somos* las banderas, y el viento no hace más que zarandearnos, *aquí* y *allá*, en todas las direcciones. Nuestras emociones se intensifican, nuestros pensamientos están por todas partes, pero el hecho de usar los pensamientos o las emociones en sí mismos como objeto de meditación supone experimentar la vida desde la perspectiva de un mástil. En el monasterio Gampo no tenemos nunca que poner mástiles nuevos. Incluso con vientos huracanados, permanecen firmes en los acantilados.

Ejercicio: descubrir la sensación

Me gustaría enseñarte un ejercicio que implica dirigir tu atención amistosa a la experiencia o a la sensación sentida de la emoción. Se trata de un intento de tener una experiencia no verbal.

Pon la alarma en veinte minutos, y durante unos momentos simplemente siéntate y entra en contacto con tu respiración. Solo asiéntate y respira. Siente cómo entra y sale el aire y trata de tener una sensación de espaciosidad.

Cuando te parezca que han pasado ya unos cinco minutos, evoca un recuerdo que lleve consigo una emoción intensa. Quizás esa emoción intensa ya haya surgido. En ese caso, trabaja con ella. ¡Tal vez sea de alegría! No tiene por qué ser una emoción negativa.

Primero, ¿qué sientes? Descubre su textura y su color. Percibe en qué lugar de tu cuerpo está localizada. ¿Es afilada o roma? ¿Se encuentra en el corazón o en el estómago? Estás buscando una respuesta sentida. Es como decir: «¿Qué se siente con el dolor de muelas?». No tienes que describirlo empleando palabras, pero quieres conocer esa sensación.

Si surgen los pensamientos y te distraen, simplemente date cuenta de ello y vuelve a experimentar. Solo hay que encontrar la sensación.

Al cabo de unos minutos, ¿cómo notas la sensación de la emoción? Se dice que todas las experiencias surgen y se disipan. ¿Te ocurre eso a ti? Los pensamientos pueden provocar que la energía de las emociones se congele o perdure durante mucho tiempo. Si dejamos pasar los pensamientos, esa energía puede irse. ¿Es eso lo que has experimentado?

Si describieses tu sensación sentida de la emoción con una palabra, ¿cómo se siente lo agradable, lo desagradable, lo doloroso o lo rígido? ¿Cómo se siente la palabra que has usado para describirlo? Quizás incluso emplees un término como «cosquilleo» o «tenso». ¿Cómo se siente?

Inspira y espira. Sintiéndolo. Experimentándolo. Reposando en la experiencia.

Si estás experimentando una emoción intensa, puede que quieras respirar más profundamente de modo que la sensación de espacio, apertura y amistad pueda surgir y apoyarte. Si no estás sintiendo absolutamente nada, solo un estado neutral, inspira y espira, y simplemente sé consciente de ello: ¿cómo se siente lo neutral? ¿Cómo es esa sensación adormilada?

Si estás sintiendo resistencia a hacer todo esto, experiméntala. Puedes preguntarte a ti mismo: «¿Qué es esto?». Ya sea aburrimiento, resistencia, opresión, dolor, placer o somnolencia, intenta llegar a la experiencia preguntándote: «¿Qué es esto?». No buscando una respuesta verbal, sino una experiencia: ¿qué es esto?

Ahora intenta localizar realmente la emoción intensa en tu cuerpo. Una manera de utilizar las emociones como apoyo, como un amigo, como una ayuda en el camino del despertar es que puedes emplearlas como objeto de meditación. En lugar de usar todo el cuerpo como objeto, lo más fácil es centrarse en una sola parte, descubrir la sensación en ese punto. Por ejemplo, aumenta la temperatura de tu cuerpo, estás sudando, tienes las palmas de las manos húmedas, un nudo en el estómago, el ceño fruncido... Elige una de esas cosas. En una ocasión Mingyur Rinpoche estaba trabajando con una alumna que sufría una depresión profunda y le preguntó cómo se sentía. Ella le respondió: «Siento como si tuviera lava derretida por todo el cuerpo». Él le dijo: «Muy bien. Vamos a usar esa *sensación* como apoyo, como el amigo de nuestra conciencia. En lugar de centrarte en todo el cuerpo, céntrate solo en el dedo gordo del pie». De modo que si experimentas algún tipo de sensación por todo el cuerpo, concéntrate en esa sensación en una sola parte, si eso te resulta más fácil.

Siéntate con esa sensación hasta que suene la alarma. Cuando suene, descansa en la experiencia de lo que ha surgido. Siéntate en el hogar base de tu ser, la vasta espaciosidad de tu mente, la dimensión abierta de ti.

Después de practicar esto, descubriendo la sensación, es muy común que los ruidos de la incomodidad, la tensión del estómago o la punzada en el corazón sigan estando allí. El hecho de que suene la alarma no quiere decir que la sensación desaparezca. No obstante, puede que notemos que hay mucho espacio a su alrededor, el espacio alrededor de la emoción, que nos sintamos menos asfixiados por ella. En esta meditación estamos entrenándonos para la vida real. En nuestra vida surgirán las emociones intensas, y a través de la meditación aprendemos a darles espacio, para que podamos sentirnos más asentados que cuando surgieron.

CUARTA PARTE

TRABAJAR CON LAS PERCEPCIONES SENSORIALES

Buda se dio cuenta de que la verdadera libertad no yace en apartarse de la vida, sino en un compromiso más profundo y más consciente en sus procesos.

MINGYUR RINPOCHE

19

LAS PERCEPCIONES SENSORIALES

Puedes utilizar cualquier cosa como objeto de meditación. Cualquier cosa que te esté ocurriendo, ya sean los pensamientos, las fuertes emociones o las percepciones sensoriales que surgen. Tu objeto puede ser para ti un puro deleite o un completo sufrimiento. Depende de ti. Por ejemplo, si te concentras durante la meditación en un olor, tal vez te descubras a ti mismo pensando: «¡Qué olor más horrible! No deberíamos usar ese incienso», o «¡Ay! Están tostando harina de avena, y cuando como harina de avena tostada no me siento bien durante unos días». Una vez más, te has distraído, estás enfadado con el cocinero, abandonas la meditación y haces las maletas. ¡Y todo eso por un olor!

Meditar en nuestras percepciones sensoriales —vista, oído, tacto, gusto, olfato— nos ayuda a ver que incluso los detalles más pequeños nos pueden lanzar a una gran lucha interna. O una percepción sensorial puede arrastrarnos en círculos y hacer que sigamos viviendo en un mundo de fantasía. Nos pueden enseñar cómo, básicamente, provocamos nuestro propio sufrimiento al permitir que la sensación más simple nos devuelva un recuerdo que después puede intensificar emociones difíciles. Por otra parte, también son para nosotros oportunidades de entrar en el placer, la dicha y la alegría. Estas sensaciones son muy vivas y nos pueden conducir justo al centro del momento presente.

Meditar con la percepción sensorial nos permite conectar directamente con la inmediatez de nuestra experiencia, que es la puerta a la experiencia ilimitada, a la vastedad de este mundo. Una vez más, estas mismas percepciones sensoriales te pueden mantener atrapado. Un sonido puede provocar un recuerdo de hace diez años. Un olor puede hacerte pensar que necesitas limpiar la nevera.

Cuando meditamos con nuestras percepciones sensoriales, interrumpimos el impulso de los pensamientos y volvemos al sonido, al olor, al sentimiento o a cualquier cosa sobre la que hayas decidido centrar tu atención. Si puedes empezar a practicar de esta manera con cualquier actividad habitual a lo largo del día, descubrirás que cuando aparecen retos dispones de herramientas para practicar. Estás acostumbrado a interrumpir el impulso de una serie de pensamientos, tales como: «Aquí hay algo mal que tengo que resolver» o «Soy un fracaso». A través de la meditación practicas para interrumpir el impulso de la mente errabunda e ir justo a la propia experiencia, aquella a la que he venido denominando la sensación sentida de la experiencia.

Si interrumpes el impulso y te quedas solo con la experiencia sentida del momento, descubrirás una puerta a la posibilidad de despertar en esta vida. Cuando llegamos a la inmediatez de nuestra experiencia, se trata de una experiencia no dualista. En otras palabras, al usar nuestras percepciones sensoriales en la meditación estamos llegando a la unidad con el sonido, el olor o con cualquier cosa en la que nos estemos centrando, en lugar de dividirnos por la mitad.

Para la mayoría de la gente, la forma más accesible de tener una experiencia directa es sentirla físicamente. La sientes en tu cuerpo, pero también hay una atmósfera en la experiencia de un olor, un sonido o una visión, por ejemplo. Fuera de la sensación, también hay conciencia de la sensación. Nuestra habilidad para experimentar la «atmósfera» de la sensación se desarrollará con el tiempo; y poco a poco tú también te podrás permitir expandirte en ese sentimiento como objeto de meditación.

El sonido como objeto de meditación

Con frecuencia las personas no pueden *tener* una percepción sensorial directa del sonido porque este evoca algo en ellas que lo nubla. Lo mismo ocurre con la vista. Ves algo, pero en lugar de ser capaz de usarlo como objeto de meditación, presenta tantas asociaciones emocionales que te pierdes y no puedes realmente ver. Pero *puedes* volver una y otra vez. *Puedes* limitarte a volver. Sin embargo, esto requiere reconocer que, junto con esta práctica, llevamos con nosotros un montón de bagaje y de condicionamiento, lo cual hace que nos perdamos. En ese caso, solo tenemos que volver otra vez a la percepción directa.

Tengo una historia sobre un preso que expresa la complejidad de sus percepciones sensoriales. Yo he oído los sonidos de la prisión; es ensordecedor, porque la forma de comunicarse con la gente del otro lado e incluso de otros pisos de los reclusos que están en sus celdas es a *gritos*. Y han desarrollado tal capacidad que pueden mantener una conversación con una persona que se encuentre tres pisos más arriba porque apagan todos los demás sonidos y solo escuchan eso. Sin embargo, para el oído no entrenado resulta ensordecedor porque hay cientos de conversaciones de ese tipo al mismo tiempo, además de televisiones encendidas y un montón de *ruido* y de *gritos*.

Alguien se enteró de que este preso estaba haciendo algo de yoga y le envió una cinta de relajación con el sonido del océano. Se puso los cascos y la escuchó. Le resultó muy relajante solo escuchar al océano. Pensó: «Voy a hacerle un favor a estos tipos. Voy a transmitir el sonido del océano para que todo el mundo en este pabellón se calme y se relaje». Lo instaló de modo que todos pudieran oír el sonido del océano. Y se produjo... un gran *ataque de pánico*. Alguien preguntó: «¿Tú oyes eso? ¿Qué *es*?». La prisión se encontraba sobre el agua, de modo que una o dos personas, o tres o cuatro, creyeron que el agua del océano estaba empezando a subir, y se sufrió un ataque de pánico colectivo. La gente comenzó a gritar cosas como: «¡Estoy viendo el agua que viene! ¡Está subiendo!». Gritaban a los guardas: «¡Abrid las celdas! ¡Sacadnos de aquí! ¡Va a haber una inundación!». En este caso, el sonido tuvo un efecto completamente distinto al esperado.

Cuando me la contaron, pensé que esta historia era muy interesante. Quizás algunos de vosotros, al leer la experiencia de este hombre también tuvisteis miedo, porque en algún momento de vuestra vida vivisteis una inundación y el agua del mar subió y se llevó vuestra casa cuando erais pequeños. Para la mayoría de la gente, el sonido del océano es muy relajante. Sin embargo, en aquella prisión se le atribuyó otro sentido al sonido –la gente le atribuyó una historia– y comenzó una revuelta que se intensificó hasta que todo el mundo, literalmente, estuvo envuelto en ella.

Este es un ejemplo perfecto de aquello en contra de lo que estás cuando practicas la percepción directa, la experiencia directa, sin filtro de *lo que sea*. Surge cuando llevas contigo un montón de bagaje. Por eso es importante reconocer amablemente que estás perdido y regresar. Y si tu experiencia de una percepción directa ha provocado una reacción de profundo trauma, o pánico, sé amable contigo mismo y detén completamente esa práctica. Vuelve a practicar cuando te sientas preparado para empezar de nuevo.

Ejercicio: el sonido como objeto

Cuando te sientes para esta práctica, empieza comprobando la postura y ponte todo lo cómodo que puedas. Intenta no moverte. La intención de esto no es ser riguroso, sino reforzar tu conciencia a fin de que no pases todo el tiempo moviéndote para tratar de estar cómodo.

Durante un momento siéntate y relájate. Nota lo que esté ocurriendo en tu cuerpo y en tu estado mental. Sin juzgar. Solo relájate y date cuenta de tu estado de ánimo, de cómo está tu mente y de cómo se siente tu cuerpo.

A continuación, percibe los sonidos que te rodean. Deja que los sonidos sean el objeto de tu meditación. Estás practicando *shamatha*, en la que tomas un objeto de meditación y permites que sea. Pon toda tu atención en eso. Cuando tu atención se distraiga, simplemente vuelve al sonido.

Hay sonidos lejanos y puede que oigas otros más cercanos, como un crujido. Escucha primero los lejanos, y si hay sonidos cercanos, escúchalos también.

No hay nada de bueno o malo en esto. Simplemente relájate, ábrete y escucha. Si los pensamientos te llevan lejos, date cuenta de ello y vuelve a escuchar.

Escucha el sonido del silencio, que puede estar interrumpido por un sonido en la distancia o algo que se mueve cerca de ti. Escucha el sonido de los latidos de tu corazón.

El sonido no tiene que ser una interrupción. Puede ser el objeto de tu meditación. Puedes incluirlo y darle la bienvenida.

Al final de esta práctica, relájate. Adopta una postura de descanso que te venga bien a ti.

El sonido es muy interesante como objeto de meditación. En cierto modo provoca una sensación de frescura, de espacio amplio, de completa relajación. Hay algo muy expansivo en el hecho de escuchar un sonido. Permite que el sonido sea tu apoyo, tu mejor amigo en este camino de destapar la conciencia natural de tu mente.

La vista como objeto de meditación

Ejercicio: la vista como objeto

Al trabajar con la vista, es ligeramente más difícil permanecer con ella; por eso tienes que practicar. Te recomiendo que trabajes con tres tipos de mirada: una muy cercana, otra dirigida al suelo —a un par de metros ante ti—, y otra recta —justo enfrente de ti.

Normalmente, pido que se mantengan los ojos abiertos, pero no es necesario que tengas toda la atención siempre fija en el objeto concreto que estás viendo. Puedes simplemente tomar la sensación de lo que ves; el espacio, el aire, la totalidad del campo de visión que se extiende frente a ti. También puedes practicar con los tres tipos diferentes de mirada, y el objeto de meditación puede ser cualquier cosa sobre la que recaiga tu mirada. Y debes permanecer con él al menos durante un par de minutos.

Si diriges la mirada hacia abajo, muy cerca, ¿qué ves? Haz de ello tu objeto de meditación, y sigue mirándolo. Cuando la mente se distraiga, vuelve ahí.

Para la siguiente mirada, utiliza tu mirada habitual, que se dirige a unos dos metros frente a ti. De nuevo, el objeto de meditación será aquello que vean tus ojos.

Finalmente mira hacia el frente. Deja que lo que veas sea el objeto de tu meditación. Estás utilizando un objeto visual como objeto *shamatha*.

En todos los casos, limítate a mirar. Sin etiquetar como «bueno» o «malo», «correcto» o «equivocado», «bonito» o «feo». Simplemente mira.

Si los ojos te hacen cosas raras, limítate a observar eso y no te distraigas. O si te distraes, vuelve a mirar lo que está ocurriendo ahí. Al hacer esto, utilizar la conciencia visual, con frecuencia se tienen ilusiones visuales: ver luz, garabatos o pequeños destellos. No importa. Eso no es ni positivo ni negativo. Puedes incluirlo en la meditación. Y si no ocurre nada, perfecto también. Si tu atención se distrae, date cuenta muy amablemente. Después déjalo pasar, disolverse, y vuelve a concentrarte en la mirada. Cuando algo de lo que veas inicie esta reacción en cadena de pensamientos, sé consciente de ello, tócalo déjalo pasar... Vuelve a mirar. Deja que sea de forma muy ligera, relajada, sin juzgar.

Cuando llegues al final de esta meditación, relájate.

LA SENSACIÓN COMO OBJETO DE MEDITACIÓN

Resulta siempre muy vivificante meditar en la sensación, o la conciencia de la sensación, o lo que a veces denomino la conciencia del tacto. Cuando te sientes, revisa tu postura, sintonizando con dónde te encuentres en lo referente a tu cuerpo, tu estado de ánimo y tu estado mental. Estamos entrenándonos a nosotros mismos para hacer esto sin juzgar. Consigue llevar ahí toda la espaciosidad y relajación –ligereza y suavidad, amabilidad, una sensación de dicha– que puedas. Únicamente date cuenta con pura dicha de que te distraes. Y regresa con pura dicha.

Ejercicio: la sensación como objeto

Primero experimenta la sensación de tus nalgas tocando el cojín; deja que ese sentimiento, esa sensación, sea el objeto de la meditación. Y en realidad no tienes ni siquiera que decir «doloroso» o «relajado», ni nada de eso. Simplemente observa si puedes sentirlo, si puedes tener una experiencia directa de la sensación de tus nalgas tocando el cojín. Limítate a sentir la sensación, una experiencia directa de la sensación, una forma de experimentarla directamente, de forma no verbal.

A continuación, siente las manos, la sensación de las manos tocándote las piernas. Siente todo lo que están tocando las manos, con una sensación directa de ello, una experiencia de la sensación de tus manos al tocar.

Si tienes problemas para experimentar esa sensación, puedes mover las manos muy levemente. O solo un dedo, para que puedas tener una experiencia, una conciencia directa, de la sensación.

Ahora, si todavía no lo has hecho, pon las manos con las palmas hacia abajo sobre los muslos. ¿Puedes sentir el pulso de las manos, o algún cosquilleo en ellas? Pon toda la atención en las manos. Ten una experiencia directa, no verbal.

¿Sientes el pulso, un cosquilleo o algún otro tipo de sensación en el estómago o en el pecho? ¿De qué sensación se trata?

¿Qué sientes al notar la energía en el cuerpo? ¿En las manos, los brazos, el estómago, el pecho? ¿Puedes sentir algo en ellos?

Con frecuencia la gente tiene el estómago en tensión. En este momento observa si ese es tu caso, y si lo es, relájate y siente esa sensación de tensión y de relajación. Si está tenso, observa si puedes relajarlo y sentir esa sensación en el bajo vientre. ¿Puedes sentir cómo sube y baja el abdomen a medida que respiras? No mirándolo o pensando en ello, sino sintiéndolo. Experimenta la sensación que te produce el aire que entra y sale. A veces la respiración será profunda y otras superficial. Sea como sea, solo experiméntala tal como es en este preciso instante, el aire entrando y saliendo por tu cuerpo, a través de la nariz, a través de la boca.

La respiración es tu objeto de meditación habitual; observa si puedes tener una experiencia directa de ella. No se trata de concentrarse, de atrapar, de forzar. Es solo una conciencia muy natural, abierta a experimentar el aire entrando y saliendo. Trungpa Rinpoche solía decir: «Estate con la respiración. Sé uno con el aire que entra y sale».

Mantente muy relajado y, si has estado siguiendo el flujo de pensamientos, simplemente nota con amabilidad eso, «pensamiento», y vuelve otra vez a la respiración, experimentando el hecho de estar con ella, permitiendo que el aire entre y salga.

Puedes dirigir la atención a cualquier dolor, tensión o incomodidad que sientas en el cuerpo. Deja que esa sensación sea el objeto de tu meditación. Solo sentir, experimentar, llevar tu atención ligera pero completamente compasiva a ese punto de incomodidad, tensión o dolor. No pienses en ello, solo siéntelo; siente la sensación de lo que llamamos incomodidad, dolor o tensión. Pon tu atención directamente en ese punto o esa zona, y experimenta la sensación... No «mi dolor» o «yo con dolor», sino solo la sensación.

Tengo una amiga que ha descubierto algo muy útil. Le resultaba completamente imposible utilizar la respiración como objeto de meditación, y generalmente cuando te enseñan a meditar, es el consejo más común: colocar tu conciencia ligera en la respiración. De modo que alguien le enseñó a utilizar las percepciones sensoriales como apoyo, y descubrió que eso le servía de gran ayuda. Para ella lo más útil fue realmente *sentir*, de modo que, *sentir* las manos en las rodillas o los muslos, los pies en el suelo o las nalgas apoyadas en el cojín, le permitió abrirse a lo que realmente significaba el hecho de utilizar un objeto como apoyo para la meditación. De cierta manera, sus luchas con un fuerte asma hacían que le resultara muy difícil concentrarse en la meditación, pero una vez que empezó a trabajar con el tacto, fue capaz de sumergirse en la práctica sin ningún problema. Ese fue su acceso al hecho de ser capaz de usar cualquier objeto como apoyo para la meditación.

EL GUSTO COMO OBJETO DE MEDITACIÓN

Siempre es maravilloso utilizar el gusto como aliado para el despertar. Con frecuencia, en los retiros, la gente empieza con un ejercicio relacionado con los alimentos. Thich Nhat Hanh, y otros maestros espirituales, enseñan eso. Por ejemplo, te anima a que intentes comer un trozo de naranja, con toda la atención en el gusto y la textura. Y uno de los puntos interesantes de los que se da cuenta la gente es que puede ser complicado distinguir entre saborear realmente –tener una experiencia directa del gusto– y *pensar* sobre el sabor. El chocolate es un ejemplo fantástico de esto. ¡Tenemos muchas ideas sobre el chocolate! Quizás lo consideres algo prohibido que casi no te permites comer, porque has estado intentando adelgazar y alguien realmente malvado te regaló esa pequeña y preciosa cajita con tres trufas. O quizás tienes el concepto del placer que te va a proporcionar. Y puede que el primer bocado sea una experiencia verdaderamente directa porque no has saboreado el chocolate desde hace mucho tiempo y te encanta. Y entonces pasas a la trufa número dos, y la espiral de todo lo que le adjudicas al chocolate comienza. Y has perdido la experiencia directa.

Una de las cuestiones que me plantean con frecuencia es: «A mí me resulta muy complicado trabajar con las percepciones sensoriales porque si cualquier cosa puede ser el objeto de meditación, me parece como si estuviera por todas partes y me zarandearan continuamente; aunque ya sé que esa no es la cuestión». Como respuesta, me di cuenta de que esta persona realmente no había registrado por completo la idea de *simplemente volver otra vez*. Quiero poner el énfasis en eso porque al trabajar con el gusto, te puedes despistar al segundo número dos. Es muy fácil ir a la deriva. Normalmente el número uno, el primer segundo, siempre es fresco. Trungpa Rinpoche solía referirse a él como el «primer pensamiento, el mejor pensamiento», aunque no haya pensamiento alguno. En este caso, se trata de la sensación del gusto. Es el momento fresco. Si alguien me dice: «Ani Pema», y me vuelvo, ahí está el momento fresco y el concepto de la persona, la expectación de lo que van a decir o la idea: «¡Ay, no! ¡No me apetece hablar con él!» o «¡Ay, qué bien! ¡Es justo la persona que quería ver!». El primer momento es el mejor. Nuestras vidas están llenas de estos momentos completamente frescos, sabores totalmente nuevos.

Ejercicio: el sabor como objeto

La regla básica para trabajar con el sabor es simplemente permanecer con él. Cuando das un mordisco (y te recomiendo que lo practiques con un único alimento, que te proporcione un solo sabor; quizás una fresa o una pasa), permítete a ti mismo profundizar en el sabor; solo experimentarlo. No la acción de masticar. No la textura de la comida. Simplemente la sensación del sabor. Cuando te des cuenta de que te has distraído, vuelve a él otra vez. Si pasas a los pensamientos, no te fatigues creyendo que es un error. Simplemente vuelve a la conciencia del gusto. El ejercicio consiste en estar completamente presente en el gusto. Te dices a ti mismo: «Puedo utilizar esto para entrenarme a mí mismo en estar presente. No me tienen que arrastrar. No necesito ahogarme en las emociones, perseguirme a mí mismo con los pensamientos o intensificar la tensión o el miedo. Puedo parar y utilizar este sabor como apoyo para estabilizar la mente, para estar presente, para volver a la experiencia fresca y directa».

****

Mingyur Rinpoche escribe que en una ocasión participaba en un experimento de Mente y Vida, promovido por Su Santidad, el Dalai Lama, en el que, mediante cables, conectaba a varios meditadores experimentados a máquinas de escáner y de resonancia magnética para que los investigadores pudieran ver en un gráfico qué estaba ocurriendo en su mente. Descubrieron que en tu actividad normal, cuando tu mente funciona con el piloto automático y te ves arrastrado, perdido en el pensamiento o intensificando tus emociones, todo ello se registra en el cerebro como profundos surcos. Podrían definirse como surcos de la costumbre, y se van volviendo más profundos cada vez que haces lo mismo. Esa es la explicación neurológica al hecho de por qué es tan difícil romper un hábito: porque seguimos haciendo el surco más profundo cada vez.

Sin embargo, cuando te das cuenta de que has estado pensando, cuando te das cuenta de que has estado divagando, cuando te das cuenta de que te has perdido en tus pensamientos, y se produce ese vacío, este simple reconocimiento abre un nuevo camino neurológico. Es como predisponerte a ti mismo para ver el mundo con ojos nuevos, a sintonizar con la espaciosidad, la frescura y la apertura natural de tu ser y del mundo. Y cada vez que diriges la mente al objeto de una percepción sensorial y estás ahí, ocurre lo mismo, se abre un nuevo camino. Por tanto, en cierto modo, en cualquier momento de tu vida, en lugar de reforzar los antiguos patrones que van a hacerte cada vez más difícil no funcionar con el piloto automático y reforzar las causas del sufrimiento, puedes predisponerte a una nueva manera de ver, que aparece en los gráficos como *desbloqueando* o *abriendo* nuevos caminos neurológicos. En otras palabras, estás creando tu futuro. Las elecciones que haces crean tu momento siguiente, tu hora siguiente, tu día siguiente, tu mes siguiente, tu año siguiente. Toda tu vida se determina a cada instante, por las elecciones que haces. Y he descubierto que trabajar con las percepciones sensoriales es una forma bastante efectiva, e incluso a veces placentera, de entrenarte a ti mismo para que se puedan crear nuevos surcos.

20

LA INTERCONEXIÓN DE TODAS LAS PERCEPCIONES

No puedes separar lo que ocurre en tu cuerpo de tus pensamientos y de tus emociones. Lo mismo sucede con las percepciones sensoriales. Están entrelazadas. Oyes determinada composición musical o determinado sonido y emerge una fuerte emoción. De repente tienes un recuerdo visual y surge un fuerte argumento y todo es un conglomerado. De modo que más que permitir que la experiencia conglomerada se convierta en algo abrumador y confuso, puedes tomar *cualquier parte de ella* y utilizarla como soporte de la meditación.

Desde el punto de vista del espacio, y del infinito potencial del espacio, vemos que todo puede ocurrir. Visiones, sonidos, emociones..., hay un montón de cosas que están ocurriendo. No se trata únicamente de un gran espacio vacío en el que no sucede nada, sino que es una gran interacción dinámica de pensamientos, emociones y percepciones que tienen lugar constantemente. Utilizamos lo que está ocurriendo como un amigo, como un aliado en este camino de destapar la frescura, la apertura y el estado despierto de tu mente natural.

Existe una profunda interdependencia entre todo lo que experimentamos. Por ejemplo, denominamos a algo «ira», pero tiene un componente físico, visual, tiene un guion, una textura y un color. Nada es tan sólido como parece. Vemos que aquello que denominamos ira es algo muy fluido. Y si permanecemos con ella, la ira se mueve, cambia. Si utilizamos su energía como nuestro objeto de meditación, inevitablemente nos indica que la transitoriedad, el cambio y la fugacidad son la verdadera naturaleza de las cosas, la verdadera naturaleza de la realidad. Si deseas experimentar de primera mano la fugacidad, el flujo dinámico o la transitoriedad, practica estar presente con la respiración, un sonido o una emoción. Esa es la manera de hacerlo.

Se dice que toda satisfacción profunda, toda felicidad, todo crecimiento espiritual, toda sensación de estar vivo y ocupado en el mundo tienen lugar en ese completo reino del flujo dinámico, cuando conectamos con el *flujo* fluido y cambiante de las cosas. Todos nosotros, en cierto sentido, somos fundamentalistas al menos durante cinco minutos. En otras palabras, cuando tenemos una idea fija, la congelamos. Más que ir con el *flujo*, tenemos una *imagen fija* de nosotros mismos, de otra persona —un hermano, un compañero—, de una situación. Hay demasiada pesantez en todo eso. Y si lo piensas, es demasiado *aburrido* comparado con el auténtico carácter cambiante de las cosas. Puede que necesite hacer uso de una gran persuasión para convencerte de que tu madre no era de la manera —la identidad fija— en que tú pensabas que era, porque cada vez que piensas en ella, no es más que lo que siempre has pensado de ella: «Cuando hago esto, ella hace aquello; y entonces dice esto y estas son sus ideas». Hasta que un día te encuentras por casualidad con un antiguo amigo de tu madre, y resulta muy interesante: cuando te habla de ella, parece una persona completamente distinta: «Me encantaba el sentido del humor de tu madre. ¡Era tan ligera y divertida!».

¡No hay duda de que el hecho de que tu madre también te haya congelado a ti no ayuda en nada a esta situación! De modo que ya se trate de tu madre, tu pareja, tu hermana o tu jefe, es normalmente en la intimidad cuando congelamos a la gente, pero también lo hacemos con los grupos raciales y culturales, con las religiones, con los políticos de determinado signo... Tendemos a sentirnos cómodos siendo fundamentalistas, cuando decimos: «Es así». Pero lo único que tienes que hacer es esta práctica de meditación o simplemente estar presente en tu experiencia y, ocurra lo que ocurra, dejar que sea tu amiga, tu apoyo y tu aliada para el despertar —solo volver, volver a estar aquí, tocar, completamente presente, todo lo que puedas, presente al marcharte, presente al volver—, e inmediatamente observa que *nada* es fijo. Nada es sólido, excepto esas fabricaciones creadas por tu mente, ese imaginario, identidades fijas de ti mismo, de los demás, de determinadas situaciones y lugares.

Y sigue meditando sobre la idea de que alguien que forma parte de tu vida tenga una idea fija de ti. Te sorprenderá. Cuando algo cambia por tu parte y ves cómo están operando tus respuestas emocionales, algo cambia en la dinámica entre tú y la otra persona. Se puede revelar algo nuevo. Encerrarse en una idea fija te da una sensación de certeza y seguridad, pero se trata de una falsa certeza y seguridad, en absoluto satisfactorias. La satisfacción que buscamos nace al reconocer el inevitable flujo, fluidez, transformación y cambio, y la habilidad para ver lo orgánico, la verdadera naturaleza de lo que está surgiendo en el presente.

QUINTA PARTE

ABRIR NUESTRO CORAZÓN PARA ABARCARLO TODO

La experiencia de un corazón triste y tierno es la que hace que surja la valentía. Convencionalmente, ser valiente significa que no tienes miedo; si alguien te golpea, le golpearás tú. Pero no estamos hablando de este nivel de valentía de maleante callejero. La auténtica valentía es producto de la ternura. Surge al permitir que el mundo te haga cosquillas en el corazón, tu corazón tierno. Estás deseando abrirlo, sin resistencia o vergüenza, y enfrentarte al mundo.

CHOGYAM TRUNGPA RINPOCHE,
The Sacred Path of the Warrior

21

ABANDONAR LA LUCHA

Uno de los muchos dones de la meditación es que nos ayuda a interesarnos por nuestras vidas con curiosidad y expansión, en lugar de adoptar la posición de ver todas las complejidades que se nos presentan como una lucha constante. Por lucha quiero decir no querer que la vida sea tal como es. Eso es algo muy común. Me resulta bastante interesante explorar esto en mi propia experiencia porque descubro que no solo estamos constantemente rechazando nuestras experiencias en la vida: ¡lo rechazamos todo, todo el tiempo! El hecho de tener la mente siempre en otra parte nos demuestra que esto es verdad. Estamos pensando en la cena de mañana o en una conversación de hace un año. Estamos pensando en la lista de tareas que tenemos que hacer o en cómo nos gustaría haber tenido esto, aquello o lo de más allá. Rechazar nuestras vidas no consiste siempre en llevar un

guion del tipo: «Odio esto» o «Esta relación –o este trabajo, este coche o lo que sea– no funciona para mí». En muchos casos puede que estemos incluso comiendo una tableta
entera de chocolate con la idea de que estamos haciendo lo
más placentero del mundo, pero en realidad en muy pocas
ocasiones nos permitimos comer solo un *trozo* de chocolate
y estar completamente presentes en eso.

La mente –la mente mono, la mente salvaje– se distrae
con facilidad. A pesar de eso, en ese espacio de amplia conciencia que cultivamos en el cojín de meditación, cualquier
cosa que ocurre se convierte en un apoyo para entrenarnos
en estar presentes. Para llegar a este lugar de ausencia de lucha permitimos que, en nuestra práctica y en nuestras vidas,
cualquier cosa nos sirva de apoyo para estar presentes. Esto
requiere un enorme cambio de actitud. Más que verlo todo
como un problema o un obstáculo a la felicidad de nuestra
vida, a la meditación o al hecho de estar presentes –«Podría
estar presente si no hubiera tanto ruido aquí» o «Podría estar presente si no me doliera tanto la espalda»–, lo podemos
considerar un maestro que nos enseña algo que necesitamos
saber.

Todo supone un apoyo a nuestro despertar. Hemos sido
condicionados para quejarnos, quejarnos y quejarnos, y para
culpar, culpar y culpar. Una de las formas más habituales de
no estar presente consiste en culpar a alguien, ya sea a nosotros mismos o a otras personas. Con frecuencia veo que mis
alumnos les echan la culpa de no poder estar presentes a las
circunstancias exteriores o a su propio cuerpo y mente. Piensa que lo que necesita tu atención y consideración es tu propia mente y el modo en que ves esas circunstancias exteriores.

Puedes hacer amistad con tus circunstancias, y tener compasión por ellas y por ti mismo. ¿Qué ocurre cuando haces eso?

Hace poco oí definir la satisfacción como «saber que todo lo que necesitas está contenido en este momento presente». La insatisfacción y el descontento son como un murmullo de fondo que nos distrae de aceptar nuestras vidas y el momento presente. Si permitimos que surjan, finalmente podremos tocar, oler, saborear y sentir lo que está ocurriendo.

Cuando nos abstenemos de ir en contra de nuestra experiencia, nos alejamos de las etiquetas de «sí» o «no», «bueno» y «malo», «aceptable» y «no aceptable». Ese es un punto muy importante, ya que nos permite comprometernos totalmente con la vida. No puedes dejar fuera lo que etiquetas como «malo» y seguir esperando que todo el abanico de lo que tú etiquetas como «bueno» llegue a tu vida. En otras palabras, si te separas a ti mismo con un muro de algunas experiencias, inevitablemente estarás construyendo muros contra lo que deseas atraer hacia ti. La práctica de la meditación nos recuerda volver siempre a la experiencia directa, tal como es.

La vida, después de la meditación, tiene tendencia a introducir muchos obstáculos, muchos impedimentos que nos pueden atar en un nudo. Cuando termina la práctica, cuando suena la alarma y descansas en una conciencia abierta, deja que todo sea como es. Y entonces puedes descansar, pero —normalmente muy rápido; a veces se precipitan— entran los pensamientos. Antes de que te des cuenta, estás completamente atrapado. Cuando ocurra algo, no tienes que etiquetarlo como «equivocado» o «terrible» ni nada de eso; sencillamente puedes usar cualquier cosa que surja como objeto de meditación. La meditación es una completa ausencia de lucha contra lo que surja. Solo los pensamientos tal como son, las emociones tal como son, las visiones tal como son, los sonidos tal como son, todo tal como es sin añadir nada.

La otra noche estaba viendo un vídeo de Mingyur Rinpoche en el que decía que la mente era como el espacio –vasto e ilimitado– y que en ese espacio surge absolutamente todo: imágenes, sonidos, olores, sabores, pensamientos, emociones, dolor, placer... Todo ello surge en ese espacio, y no se diferencia de las galaxias, los planetas y las estrellas. Afirmaba: «Además, el espacio no dice: "Me gusta esta galaxia, pero esa otra no"». Todas las estrellas, todos los pensamientos pasan en algún momento. Permite que tus experiencias pasen como estrellas en el vasto cielo de tu mente. No dejes que se convierta en un gran problema.

El resultado de no luchar contra lo que surge en tu vida es un acto de amistad. Te permite comprometerte completamente con tu vida. Te permite vivir plenamente.

Ejercicio: atención a una actividad sencilla como meditación

La vida ofrece todo tipo de experiencias que introducen luchas potenciales en nuestra existencia. Una forma de ejercitarte para afrontarlas con presencia absoluta, o plenamente, es utilizando una actividad sencilla como objeto de meditación. Estamos entrenándonos en el proceso de despertar. Podemos situar la mente en una actividad sencilla y elegir permanecer en ella en lugar de luchar contra ella dejando que nuestra mente vague por todas partes.

Cada día se nos ofrecen innumerables actividades sencillas, repetitivas y simples. Elige una que sea para ti bastante rutinaria y básica. Comer es una buena opción. A diario tomas el alimento con el tenedor o la cuchara, lo llevas a la boca, lo masticas y lo tragas. Escoge cualquier actividad que no requiera pensar, o pensar demasiado. Algo que hagas una y otra vez. También puede ser teclear en el ordenador, doblar la ropa o preparar la comida de tu hijo para el colegio. Nuestros días están llenos de ese tipo de actividades. La meditación incluye enfrentarte a ti mismo para estar completamente presente al cepillarte los dientes, al lavar los platos, al desayunar, al respirar o al caminar.

Durante unos días concéntrate en estar más presente cuando realices la actividad que hayas seleccionado. Cuando tu atención se vaya, simplemente condúcela de vuelta a la experiencia sentida de la actividad. Volver a la respiración no es mucho más complicado que volver al cepillado de dientes. Cuando te estés cepillando los dientes decide, en el momento de poner la pasta en el cepillo, que eso va a ser una meditación. Convierte el cepillado de dientes en un pequeño ritual, con un comienzo y un fin. Dite a ti mismo: «Esto va a ser un período de meditación, y mi intención es estar presente mientras me cepillo los dientes. Cuando pierda la atención, voy a devolverla a este acto».

No hace falta decir que no nos debemos enfadar mucho con nosotros mismos si la mente se distrae de esa acción. No luches demasiado. Simplemente vuelve. Cepíllate los dientes con sentido del humor o sentido de ligereza. Simplemente vuelve.

Poco a poco, con el tiempo, con la práctica de la meditación, descubrimos que cada vez tenemos más estabilidad para poner la atención en todo lo que hacemos. Podemos hacerlo incluso en una conversación, de modo que permanecemos con atención plena y presentes hacia la persona que nos está hablando, más que distraernos pensando en lo que tenemos que añadir a la lista de la compra. Después de un tiempo, ni siquiera piensas en un objeto de meditación. Hay un incesante regreso y cada vez una sensación de presencia más continua. Y cuando ocurre esto, sabes que ha ocurrido. Normalmente se trata solo de pequeños pitidos y borboteos, pero cuando sucede es bastante impresionante porque te das cuenta de que nunca antes en tu vida habías estado presente, y de repente tienes esta sencilla experiencia de estar presente aquí. Es algo que puede ocurrir súbitamente un día cuando estás meditando o cuando estás lavando los platos. La sensación de que estás presente es realmente simple y viva. Un tipo de experiencia totalmente decisiva.

22

LOS SIETE PLACERES

Como personas que desean alcanzar la iluminación o incluso sentirse más asentadas en sus vidas, debemos trabajar con las circunstancias más difíciles. He visto individuos que han meditado con todo su corazón durante años –han experimentado la naturaleza de la mente, la quietud y la calma–, pero en cuanto tienen problemas en una relación, los echan del trabajo, o descubren que ellos mismos o alguna persona querida sufre una enfermedad grave, se derrumban. Y es como si no hubieran meditado ni uno solo día de su vida: son arrastrados completamente por la ira, la desesperación o una profunda depresión.

Cuando ocurre algo terrible, aterrador, no queremos «ir allí». Ponemos el piloto automático y hacemos todo lo posible para luchar contra lo que está sucediendo. Y entonces tendemos a obsesionarnos con la desesperación, con el odio.

Y es como si hubiéramos perdido completamente la banda de frecuencia de la meditación. Nos hemos perdido en el camino. Cuando llegas a los puntos más difíciles, el sendero de la meditación se vuelve mucho menos claro.

Yo denomino a esos momentos «los siete placeres». Lo creas o no, a veces son precisamente esos duros momentos los que más nos enseñan, los que nos abren a la vida y a la conexión con los demás. En ocasiones, en los retiros, leemos un texto sobre los siete placeres que nos recuerda que las emociones dolorosas y los pensamientos más duros pueden ser unos maestros perfectos en nuestro camino. En esta maravillosa canción escrita por Gotsampa, que trata de utilizar las circunstancias difíciles como sendero, cada número hace referencia a una de las dificultades de la vida, que pueden verse como un placer en nuestro despertar. Y el término *kleshas* hace referencia a los estados emocionales que más tienden a engancharnos o a perturbarnos:

Cuando ciertos pensamientos de que hay algo,
lo percibido y el que percibe,
engatusan a mi mente y me distraen,
no cierro las puertas de mis sentidos para meditar sin ellos
sino que me zambullo directamente en su punto esencial.
Son como nubes en el cielo; hay cierto brillo allí donde vuelan.
¡Los pensamientos que surgen (1) son para mí puro deleite!
Cuando los kleshas me arrastran y su calor me abrasa,
no intento calmarlos con ningún antídoto.
Como una poción alquímica que tornara el metal en oro,
lo que el poder del klesha nos ofrece
es dicha sin contagio, totalmente sin profanar.

¡Surgen los kleshas (2) puro deleite!

Cuando estoy atormentado por fuerzas semidivinas o interferencias
   demoníacas,

no las expulso con ritos o conjuros.

Lo que hay que expulsar es el pensamiento egoísta,

construido sobre la idea de un yo.

Eso hará que las filas de maras se conviertan en tus propias fuerzas
   especiales.

¡Cuando surgen los obstáculos (3), puro deleite!

Cuando el samsara con su angustia me hace retorcerme en sus
   tormentos,

en lugar de regodearme en el sufrimiento,

tomo el mayor peso para viajar por el camino más largo

y dejo que la compasión me sirva

para hacerme cargo de los sufrimientos de los demás.

¡Cuando las consecuencias kármicas estallan (4), deleite!

Cuando mi cuerpo ha sucumbido a los ataques de enfermedades
   dolorosas,

no espero un alivio médico,

sino que tomo esa misma enfermedad como camino y, a través de su
   poder,

elimino las oscuridades que me están bloqueando,

y la utilizo para reforzar las cualidades que valen la pena.

¡Cuando la enfermedad asoma la cabeza (5), puro deleite!

Cuando sea el momento de abandonar este cuerpo, esta trampa
   ilusoria,

no te provoques ansiedad y dolor.

En lo que te debes entrenar y lo que debes resolver por ti mismo es

que no existe una cosa que haya que hacer llamada morir.

Es solo pura luz, la madre, y el hijo, pura luz uniéndose.

¡Cuando la mente abandona el cuerpo (6), puro deleite!
Cuando nada funciona, cuando todo está alineado contra ti,
no intentes encontrar la forma de cambiarlo todo.
Lo que tienes que hacer en tu práctica es verlo del modo opuesto.
No intentes hacer que pare o que mejore.
Las circunstancias adversas ocurren (7); cuando lo hacen, es realmente maravilloso.
¡Entonan una pequeña canción de puro deleite!

Todo en la vida —cada momento, cada lucha— es el camino. Todo es una oportunidad para despertar. Si no practicas ese camino, pierdes la extraordinaria oportunidad de aprender de tu propio ser; y por eso yo denomino a las enormes dificultades de la vida «placeres».

Y todos nosotros atravesamos en nuestras vidas actuales y pasadas por emociones difíciles, por sucesos complicados. Por ejemplo, a mí me ocurre algo de forma recurrente, independientemente de cuántos retiros haga y cuánto medite: siempre tengo que afrontar períodos de recuerdos dolorosos de cuando mis hijos eran jóvenes, sentimientos que tengo de esa época. Es algo que siempre surge y que siempre va acompañado de una profunda tristeza. Hay algunas emociones que conllevan una gran carga de energía. Y cuando digo *incluir* o *experimentar* nuestra angustia espiritual, quiero decir incluirlo *todo*. A veces estamos meditando con una gran cantidad de energía. Desde la perspectiva del de fuera, únicamente permanecemos ahí sentados. No está ocurriendo nada. ¡Sin embargo, están ocurriendo un montón de cosas, solo que no son verbales. Detrás de las palabras y las historias de lo que está sucediendo en nuestras vidas se esconde una energía muy poderosa: la energía de la tristeza, de la ira, de la ansiedad, de la lascivia, de la necesidad, de la soledad, de ser excluido. Parece como si te fuera a derribar por completo, y cuando es realmente difícil, como la pérdida de un ser querido, como si te pudiera incluso matar.

En el texto de Khyentse Rinpoche, *The Heart Treasure of the Enlightened Ones* (El tesoro esencial de los iluminados), se nos muestra una enseñanza maravillosa que dice: «No sigas al objeto del odio, contempla la mente airada. La ira liberada por sí sola, según surge, es una sabiduría como un espejo». Y más adelante añade: «No persigas el objeto del orgullo, contempla a la mente que quiere atrapar. El engreimiento liberado por sí mismo según surge es la sabiduría de la ecuanimidad». Y también: «No ansíes el objeto del deseo, contempla a la mente que ansía». Y pasa de este modo por todos los estados que nublan la mente, diciendo: «Si prestas atención a estas tendencias, no hay ningún problema».

La primera línea del texto de los siete placeres dice: «Cuando ciertos pensamientos de que hay algo, lo percibido y el que percibe». Lo que quiere decir aquí es que con todos los pensamientos estamos obligados a ver el mundo o la situación en términos de yo y el otro. De eso se tratan básicamente todos los pensamientos, ¿no? *Yo* estoy pensando sobre *eso*; yo y eso. Es difícil tener un pensamiento que no esté basado en eso. Intenta tener un pensamiento que no incluya lo percibido y el que percibe. ¡Es virtualmente imposible!

Gotsampa continúa diciendo: «Engatusan a mi mente y me distraen...».

Normalmente, en la meditación piensas: «Ay, a mi mente la han engatusado y distraído», ¿no es así? Y eliminas ese pensamiento diciéndote a ti mismo: «Yo soy ese pensamiento; soy malo por haber hecho esto; mi meditación es un caos». El sabio nos recuerda que, en lugar de eso, él «se zambulle directamente en su punto esencial». Asegura que no intenta bloquearlo, no intenta meditar sin los pensamientos. Se zambulle justo en eso, justo en el punto esencial, que es ese. Una de sus maravillosas frases es aquella en la que afirma que los pensamientos «son como nubes en el cielo; hay cierto brillo allí donde vuelan. ¡Los pensamientos que surgen (1) son para mí puro deleite!». Me encantan estos versos, porque ofrecen una visión que puede darle mucha alegría a nuestra vida. También nos dice: «Las circunstancias adversas ocurren (7); cuando lo hacen, es realmente maravilloso. ¡Entonan una pequeña canción de puro deleite!». Son deleite porque nos permiten despertar a la verdad fresca de nuestras vidas. Incluso el suceso más terrible nos permite despertar a ese momento.

En otro verso indica: «Cuando los *kleshas* me arrastran y su calor me abrasa». Gotsampa sabía lo que era un *klesha*; a pesar de ello, no dice: «Haz cualquier cosa para sofocar la emoción», sino: «Como una poción alquímica que tornara el metal en oro, lo el poder del *klesha* nos ofrece, es dicha sin contagio, totalmente sin profanar. ¡Surgen los *kleshas* (2) puro deleite!». Esta es una enseñanza muy profunda, y justo lo que estamos haciendo realmente cuando meditamos en las condiciones más adversas. Estamos dándole la bienvenida a la visión de que aquello que pensamos que está arruinando nuestra vida, como nuestros pensamientos y nuestras emociones, la enfermedad y la muerte, es, en cierto modo, un don para nuestra transformación. Gotsampa dice: «Lo que

tienes que hacer en tu práctica es verlo del modo opuesto».
Verlo del modo opuesto. Lo podrías ver solo como una nube
en el cielo y decir: «Nada importante», y dejarlo pasar con
actitud de puro deleite.

Los siete placeres nos introducen a la idea de que nada
es realmente un problema excepto nuestra identificación
con él. Sin embargo, nos identificamos de forma muy intensa con nuestros pensamientos, con nuestras emociones y
con los sucesos de nuestras vidas. No somos capaces de bro-
mear con nosotros acerca de eso. Independientemente de
que la vida nos ofrezca un sonido, un olor o un pensamiento
agradable o desagradable, es puro deleite porque en lugar de
identificarnos con eso, simplemente lo tocamos y lo dejamos
marchar.

Podemos dejar marchar incluso nuestros miedos más
intensos. ¡Y nuestros miedos pueden ser realmente pode-
rosos! Por ejemplo, a veces nos enfrentamos al miedo a la
muerte, que puede surgir al esperar el resultado de una prue-
ba médica o al salvarnos por los pelos en un accidente de
coche. Hay muchos modos de enfrentarnos a nuestra mor-
talidad, pero el miedo a la muerte es algo más en lo que
podemos entrenarnos, en pequeños momentos, porque el
miedo a la muerte es realmente el miedo a la falta de base, a
no tener nada a lo que agarrarse, a no tener ninguna certeza
de lo que ocurrirá en nuestras vidas. Con esto no quiero decir que sea algo trillado o superficial; a lo largo de todos los
años que he trabajado con el miedo a la muerte y que les he
hablado mucho a otras personas sobre eso, he descubierto
que si te entrenas en dirigirte hacia la naturaleza transitoria y
pasajera de las cosas, te estás entrenando en evitar el miedo a

la falta de arraigo, a la muerte. He descubierto que el miedo a lo desconocido es una especie de reacción involuntaria, no necesitas alimentarlo con un argumento. Más bien, puedes estar presente en el sentimiento tembloroso y zozobrante. Es igual que la enseñanza para trabajar con las emociones. Permítete a ti mismo estar con la energía del miedo a la muerte. Pon tu conciencia en ese miedo. Puede que tengas tensión en el estómago, puede que tus pensamientos estén desbocados, pero, a pesar de eso, puedes concentrarte en el carácter y la textura del propio miedo. Observa cómo tu experiencia de ese miedo comienza a transformarse y a cambiar, a intensificarse y a liberarse.

Hay muchos puntos de vista sobre lo que ocurre cuando morimos. Cada religión tiene su opinión sobre este tema. Pero no lo sabemos realmente, ¿no es así? Cada momento también es desconocido, y el camino al despertar consiste en no rechazar lo que surge, sino en deleitarse en la viveza de todo lo que se presenta.

23

LA SOPORTABLE LEVEDAD DEL SER

La meditación nos enseña a dejar fluir. El no darles demasiada importancia a las cosas, el hecho de practicar una y otra vez, es un aspecto muy importante de la actitud amistosa. Cuando te duele el cuerpo, cuando se te pasan por la cabeza todo tipo de pensamientos, practicas una y otra vez reconocerlos con el corazón abierto, con la mente abierta, pero sin darles mucha importancia. Generalmente, nuestros problemas son demasiado importantes. De modo que necesitamos hacer espacio para una actitud de honrar totalmente las cosas, y al mismo tiempo evitar que sean el centro de nuestra atención. Es una idea paradójica, pero el hecho de mantener estas dos actitudes simultáneamente es fuente de una gran alegría: mantenemos una sensación de respeto hacia todo con la habilidad de dejar fluir, sin menospreciarlo pero sin avivarlo.

Mantener en equilibrio estas ideas nos permite no sentirnos tan hostigados y claustrofóbicos. El espacio que se abre ahí se denomina en términos budistas *sunyata*, o «vacío», pero no tiene nada de nihilista. Es solo una sensación de ligereza. Hay una película que se titula *La insoportable levedad del ser*, pero yo prefiero ver la vida con el punto de vista de la *soportable levedad del ser*.

Cuando empieces a ver tu vida desde la perspectiva de que todo surge espontáneamente y que las cosas no «van a por ti» ni «están intentando atacarte», es muy probable que experimentes más espacio, más sitio para relajarte en un momento determinado. El estómago, hecho un nudo, puede relajarse. La base del cuello, completamente tensa, puede relajarse. La mente, dando vueltas como esos ositos a los que se da cuerda y caminan por el suelo —esa mente que no hace más que dar vueltas y más vueltas—, puede *relajarse*. *Sunyata* hace referencia al hecho de que realmente tenemos en nosotros una semilla de espaciosidad, de frescura, de apertura, de relajación.

A veces *sunyata* se traduce como «la dimensión abierta de nuestro ser». La definición más común, sin embargo, es la de «vacío», que suena como un gran agujero al que alguien te empuja de una patada mientras tú gritas: «¡No, no! ¡El vacío, no!». A veces la gente experimenta esa apertura como aburrimiento, otras como quietud, y otras solo como un vacío en tu pensamiento, en tu preocupación y en tu sensación de estar atrapado. Yo experimento mucho con el *sunyata*. Comienzo fácilmente cuando estoy sola y nadie me está hablando, cuando voy a dar un paseo, o cuando estoy mirando por la ventana o meditando. Entonces experimento con el hecho de dejar que pasen esos pensamientos y ver solo lo que hay una vez que se han marchado. Esa es la esencia de la práctica de la atención plena. Tratas de volver a la inmediatez de tu experiencia, y cuando los pensamientos como «bueno», «malo», «debería», «no debería», «soy estúpido», «tú eres estúpido»... comienzan a surgir, te limitas a dejarlos pasar y vuelves a la inmediatez de tu experiencia. Eso es experimentar con el *sunyata*, experimentar con la dimensión abierta e ilimitada del ser.

24

LAS CREENCIAS

En el siglo XII había en la India un maestro de yoga llamado Saraha, que dijo (parafraseándolo de forma sucinta): «Los que creen que la existencia es sólida son idiotas, y los que creen que todo es vacío son más idiotas aún». Se estaba refiriendo a la creencia de que hay algo que limita nuestra experiencia, y de ese modo nos hace ser incapaces de percibir lo que está frente a nuestros ojos. Las creencias a las que nos apegamos son tan fuertes y tan queridas que estamos dispuestos a luchar por ellas, a cegarnos y a taparnos los oídos.

He descubierto que una de las mayores luchas que pueden surgir de la meditación es que nos exige examinar nuestro sistema de creencias. Gran parte de la práctica está destinada a descubrir esos momentos en que te obcecas y no dejas pasar. Encuentras esos momentos cuando te indignas con razón y ves que lo único que puedes hacer es, o bien tensarte y alejarte más del mundo, o bien suavizar, dejar fluir y relajarte. En otras palabras, el único modo en que un practicante o cualquier ser humano sabe que sigue apegándose firmemente a las creencias o a una forma de ver el mundo es cuando se enfada, cuando se acalora, cuando se descubre a sí mismo peleándose con alguien porque quiere que algo se haga a su manera. El hecho de pensar «estás equivocado y yo estoy en lo cierto» te mantiene en una especie de prisión.

Ese es el jugo del camino espiritual, cuando empiezas a obcecarte, a juzgar y a estar enfadado con razón, a indignarte y a asustarte porque las cosas no van a tu manera. Esa es la única forma de saber que te estás haciendo infeliz a ti mismo, y es como el sonido de una gran campana. Es el momento de dejar fluir los pensamientos, de entrenarte para abrir el corazón, para abrir la mente. Y todo esto se trata en la enseñanza meditativa de dejar fluir.

Esta indignación justificada, este pánico de que alguien se vaya a equivocar, este dogma por el que sientes que el mundo se va a hundir si no actúa como tú quieres es una manera de agresión, aunque la creencia se considere digna o humanitaria (por ejemplo, limpiar los ríos de la polución). Cuando nos apegamos tan firmemente a una forma de ver las cosas, estamos envenenándonos a nosotros mismos, y eso no nos proporciona ninguna felicidad ni a nosotros ni al resto del mundo. Nuestras buenas ideas no producen buenos resultados porque surgen de ese pánico, de esa agresión, de esa determinación de hacerlo a nuestra manera. Y eso despierta en nosotros una sensación muy fuerte de que hay un enemigo.

Todas nuestras creencias están basadas en pensamientos; y la energía de esos pensamientos nos hace emocionarnos o incluso estar histéricos. En la meditación llegamos a mantener una conversación realmente profunda y seria con nosotros mismos. Estar bien y hacer las paces con nosotros mismos en este sentido tiene mucho que ver con la cualidad de espacio que encontramos en la meditación, que se denomina *sunyata*, o vacío. Y este espacio vacío nos recuerda que tenemos que «iluminarnos».

Como ya he dicho anteriormente, una de las cosas que descubrirás a medida que trabajes más intensamente este tipo de práctica, es que no quieres iluminarte. Deseas hacerlo a tu manera. Una vez consulté a un maestro tibetano, un yogui fantástico y una persona maravillosa, sobre mi tendencia a adormilarme durante la meditación. Le dije: «Estoy todo el rato adormilada, y creo que no es porque necesite dormir más. En realidad es como si habitualmente me estuviera durmiendo y estuviera amodorrada, como nublada. ¿Qué puedo hacer?». Su consejo fue: «Lo único que tienes que hacer es decir: ¡POT!».

¡Yo me eché a reír! Sabía que funcionaría. Durante un tiempo no me sentí adormilada durante la meditación. Pero, evidentemente, los patrones habituales volvieron, y ahí estaba yo, supuestamente meditando, pero tan amodorrada que solo me apetecía tumbarme. Entonces recordaba lo que el maestro me había dicho: ¡POT! Y pensaba: «No quiero decir ¡POT! ¡Lo único que quiero es tumbarme!». Y me tumbaba, pero no podía descansar muy bien porque me quedaba atrapada en ese truco. En cierto modo, el placer de tumbarse quedaba interrumpido por mi enfoque en lo que estaba ocurriendo. Entonces me di cuenta: se trataba de aquello de lo cual estamos en contra, todos nosotros. Aunque alguien te dijera: «Lo único que tienes que hacer es tomarte esta pastillita, y te desaparecerá el dolor», te darás cuenta de que no quieres hacerlo. Quieres irte a dormir. O demostrar que están equivocados. O hacer que desaparezca de tu camino. Y no quieres ni tomarte la pastillita, ni decir POT, ni meditar, ni relajarte, ni ninguna de esas historias. Lo que quieres es hacerlo a tu manera.

En realidad nuestras creencias son una buena oportunidad para reírnos de la condición humana y recordarnos que estamos todos en el mismo barco. Por muy firmemente que nos apeguemos a ellas, nos recuerdan aquello en contra de lo que estamos todos. Podríamos adoptar la costumbre de volver a la espiración, que es lo mismo que volver a la frescura del momento. Esto es muy difícil cuando el momento está lleno de una gran cantidad de energía, porque con bastante frecuencia nuestras creencias nos encierran en pensamientos airados, celosos, desesperadamente solitarios, tristes, adictivos, anhelantes y ansiosos. Con frecuencia, cuando observas tus creencias en la meditación, te descubres a ti mismo con una atmósfera realmente cargada. Acostúmbrate a sentarte ahí, a respirarla más que intentar escapar. Puede que en ese espacio surja dolor, depresión o miedo. Podemos hacer el espacio más grande para aceptar todo lo que surja, porque le dejamos sitio. Ponemos algo de suavidad y de calor a su alrededor.

Y practica con la mayor honestidad posible. Cuando sientas cualquier tipo de rigidez en la mente, no dejes de preguntar. Pregunta una y otra vez. Sé curioso y ábrete al espacio de la meditación. Así es como el mundo te hablará.

25

RELAJARSE EN
AUSENCIA DE BASE

Si estamos estudiando budismo o practicando meditación budista, deberíamos darnos cuenta de que la esencia de la meditación consiste en descubrir que percibimos la realidad erróneamente, que tenemos una percepción equivocada de la realidad. Lo que hacemos con la meditación es entrenarnos para ser capaces de percibir la realidad correctamente.

La iluminación –la completa iluminación– consiste en percibir la realidad con una mente abierta y no fija, incluso en las circunstancias más difíciles. En realidad no es nada más que eso. Tú y yo hemos tenido experiencias de esta mente abierta y no fija. Piensa en un momento en el que sintieras una gran impresión o una sorpresa, en un momento de arrobo o asombro. Sucede normalmente en instantes breves –puede que ni siquiera nos demos cuenta–, pero todo el mundo experimenta esa mente abierta, la denominada mente iluminada. Si estuviéramos completamente despiertos, esa sería nuestra percepción constante de la realidad. Es útil darse cuenta de que esta mente abierta e ilimitada tiene muchos nombres, pero vamos a usar el término «naturaleza búdica».

Podrías decir que es como si estuviéramos en una caja que tuviera una pequeña ranura por la que percibimos la realidad, y creemos que así es la vida. Cuando meditamos —especialmente de la manera que te indico en este libro—, si practicamos con suavidad, dejando fluir las cosas, con relajación y fe en la técnica; si practicamos con los ojos abiertos, en estar despiertos y presentes, en cada momento de nuestras vidas, lo que ocurre es que la rendija se va agrandando y percibimos más cosas. Desarrollamos una perspectiva más amplia y más tolerante. Puede que únicamente nos demos cuenta de que a veces estamos despiertos y a veces dormidos, o de que nuestra mente se va y regresamos. Empezamos a ser consciente —por supuesto, el primer gran descubrimiento— de que pensamos realmente demasiado. Empezamos a desarrollar lo que se denomina *prajna*, conocimiento claro. Y desde allí es probable que sintamos una sensación creciente de confianza en la que podemos manejar mejor las cosas, o incluso amar más. Quizás haya ocasiones en que seamos capaces de salir completamente de la caja. Pero, créeme, si eso ocurre demasiado pronto, nos dejará aturdidos. Normalmente no estamos preparados para percibir lo que hay fuera de la caja justo al empezar, pero vamos en esa dirección. Nos estamos relajando cada vez más con la incertidumbre, con la ausencia de base, con el hecho de no tener paredes a nuestro alrededor que nos mantengan protegidos como si estuviéramos en una pequeña caja.

Pero la iluminación no significa que vayamos a otro lado, o que alcancemos algo que ahora no tenemos, sino que se empiezan a quitar las anteojeras. Estamos destapando nuestro auténtico estado, nuestra naturaleza búdica. Y eso es importante porque cada día, cuando meditas, puedes reconocer que es un proceso de destapar gradualmente algo que ya está ahí. Por eso son tan importantes la relajación y el dejar fluir. No puedes destapar nada con aspereza y tensión. Eso lo cubre. El hecho de estabilizar la mente, de sacar la claridad aguda de la mente, necesita ir acompañado de relajación y apertura. Podrías decir que esa caja en la que estamos realmente no existe, pero desde nuestro punto de vista, hay una caja construida con todas las obstrucciones, patrones y condicionamientos habituales que han creado nuestras vidas. La caja nos parece real, pero cuando empezamos a ver a través de ella, más allá de ella, tiene cada vez menos capacidad de obstruirnos. Nuestra naturaleza búdica está siempre ahí, y si pudiéramos estar lo suficientemente relajados y despiertos, podríamos experimentarlo. De modo que confía en este proceso y dales la bienvenida a la paciencia y el sentido del humor, porque si los muros se vinieran abajo demasiado deprisa, no estarías preparado para ello. Sería como un viaje provocado por las drogas en el que tienes una experiencia alucinante, pero después no eres capaz de integrar la nueva forma de ver y de entender en tu vida.

El camino de la meditación no es siempre un camino recto. No es que empieces a abrirte y te vayas abriendo cada vez más y, de repente, desaparezca para siempre la caja que te confina. Surgen contratiempos. Y con frecuencia observo con mis alumnos una especie de «período de luna de miel» en el que experimentan una época de gran apertura y crecimiento en su práctica, para después sufrir una contracción o regresión. Con frecuencia eso resulta muy aterrador y desalentador para muchos alumnos. Una regresión en la práctica puede crear una duda traumática y convertirse en un gran contratiempo emocional. Se preguntan si han perdido su conexión con la meditación para siempre, ya que el «período de luna de miel» era muy vigorizante y auténtico.

Pero el cambio ocurre; incluso en nuestra práctica. Esa es una verdad fundamental. Todo está continuamente cambiando porque está vivo y es dinámico. Todos nosotros en nuestra práctica alcanzaremos un punto muy interesante en el que es como si rompiéramos el muro de ladrillo de un golpe. Es *inevitable*. El cambio es inevitable en nuestras relaciones, en nuestras carreras, en todo. Con el camino de la meditación me encanta hablarles a las personas que se encuentran en el punto de haber golpeado el muro; piensan que están preparadas para dejarlo, y yo siento que solo están en el principio. Si pudieran trabajar con lo desagradable, con el insulto al ego, con la falta de certeza, se estarían acercando a la auténtica naturaleza fluida y cambiante de la vida. Es solo una etapa de haber alcanzado un punto en el que se te pide ir más allá hasta aceptar la vida tal como es, incluso con las sensaciones desagradables que se te presenten. La *auténtica* inspiración llega cuando nos fundimos en esa fluidez, en esa apertura. Antes, estabas navegando con tu práctica, sintiéndote seguro de ella, y ese sentimiento puede ser en muchos sentidos «lo máximo». Y de repente, ¡zas! Te dan la oportunidad de ir más allá.

26

CREAR UN GRUPO
DE PRACTICANTES

La visión clara que se suele desarrollar con la meditación conduce a la auténtica compasión, porque a través de la estabilidad con esa continua sucesión de circunstancias difíciles o agradables, con todos los cambios de ánimo y rasgos de la personalidad que ves en ti mismo, empiezas a tener una comprensión genuina de los demás, porque todos somos iguales en este aspecto. Puede que yo tenga más agresividad que tú, pero quizás tú sufras más ansiedad que yo. Puede que yo no sea demasiado celoso, pero tal vez tenga *mucho* orgullo, envidia o soledad. Puede que tenga una gran sensación de falta de valía. En cierto sentido, si desarrollamos esa honestidad emocional con nosotros mismos con la que nos vemos en la meditación, empezaremos a darnos cuenta de aquello a lo que se oponen los demás, igual que nosotros. Y de ese modo comenzaremos a sentir compasión por ellos.

En el budismo existe algo llamado «las tres joyas». Son los tres apoyos más valiosos en tu vida, aquellos a los que te diriges cuando necesitas ánimos. Uno de ellos es Buda, no como alguien en el que apoyarse y que responderá todas tus preguntas y te salvará, sino como ejemplo de lo que tú también puedes hacer.

El segundo es el *dharma*, las enseñanzas y las prácticas que te ayudarán. Y el tercero es el *sangha*, la comunidad de personas que también están comprometidas en el despertar. Para mí, el *sangha* es un apoyo fundamental en la meditación. Se trata de una comunidad ajena al reino de nuestra vida laboral, de nuestra vida diaria, en la que nos abstenemos de competir y adelantarnos unos a otros. Constituye también una oportunidad de frenar los comportamientos destinados a complacer a los demás. En lugar de eso, cada uno le cuenta al otro la verdad de su experiencia.

La imagen que se utiliza normalmente en la comunidad budista para el *sangha* es una imagen de todo el mundo de pie y manteniendo una amistad incondicional. No se están *apoyando* unos en otros. Si alguien falla, no todo el mundo falla. En la base de una sociedad iluminada o despierta, hay individuos que adoptan la responsabilidad de su propio ascenso y de sus resbalones, de sus propias ideas y prejuicios. Se ayudan unos a otros con amabilidad y compasión. Dan comida a los que tienen hambre, ayudan a los que están enfermos. Y al compartir sus experiencias en el camino puede que estén ayudando a otra persona, no desde una posición superior, sino de amigo a amigo.

No es necesario que los miembros del *sangha* vivan en el mismo lugar. Puedes escribirte con un compañero practicante o hablar con él por teléfono. Resulta duro hacer esta práctica solo, y el hecho de participar en una comunidad de practicantes puede suponer una gran diferencia, especialmente cuando surgen esos baches en el camino en los que nuestra práctica no es una balsa de aceite.

27

CULTIVAR UNA SENSACIÓN DE FASCINACIÓN

Realmente, cuando contemplamos la vida vemos que no sabemos *nada* seguro. Viajar al extranjero es una experiencia muy positiva, porque te das cuenta de que en cada país la gente piensa de manera diferente. Resulta especialmente gratificante ir a Asia y a países del Tercer Mundo, en los que a veces la gente tiene un punto de vista completamente distinto. Te das cuenta de que la mayoría de tus suposiciones acerca de la realidad proceden de tu cultura, de la época en que naciste, de tu grupo social y de tu sexo. Hay un montón de teorías sobre lo bueno y lo malo que no son universales. Por eso hay guerras: hay opiniones contradictorias y todos quieren que prevalezca la suya. A lo largo de la historia de la humanidad, los hombres se han matado unos a otros porque tenían distintos conceptos de lo que era o no era correcto.

El lema «contempla todos los *dharmas* como sueños» nos anima a comenzar a cuestionarnos todo. Pongamos los árboles por ejemplo. ¿Qué tal si contemplas los árboles del lugar en el que vives, y exploras su corteza, sus hojas y su olor? ¿Y la hierba? ¿Y el aire? Trata de ir más allá de: «Sí, ya lo sé, no es más que otro aburrido abeto». Permítete a ti mismo emocionarte al ver árboles de madera noble, que se van coloreando de verde porque es primavera. Deja que te animen. Diles «sí». Llénate de fascinación cuando los mires.

Hace poco leí la historia de un hombre, un indio americano, que se puso muy enfermo. Vivió a principios del siglo XX. Entró en coma y cuando salió de él, estaba en un pueblo de blancos. (No sé muy bien cómo sucedió, pero la cuestión es que ahí estaba.) Y ocurrió algo muy interesante. En la mitología de ese pueblo hay una creencia muy antigua que dice que cuando mueres vas al oeste del gran océano, y en sus mitos se describe cómo van atravesando un túnel tras otro hasta llegar allí. La gente pasa por docenas de túneles, dirigiéndose hacia el oeste, hacia el gran océano. Y eso es precisamente lo que le ocurrió a aquel hombre. Lo llevaron en tren hacia el oeste, a través de túneles, hacia el océano. Lo estaban llevando a la gran ciudad. La historia continúa, pero la parte importante es que durante el resto de su vida pensó que estaba muerto porque la realidad había igualado totalmente al mito sobre la muerte. Y los relatos de este hombre son lo más cercano, de todo lo que he leído, a lo que significa ser un niño fantasioso. Desde ese momento, al pensar que había muerto, estaba completamente presente. Su mente y su corazón estaban completamente abiertos. Tenía la curiosidad de un niño muy pequeño, pero al mismo tiempo, la experiencia de un hombre maduro y adulto. Se encontraba en una cultura que era totalmente ajena a él en todos los sentidos, pero él no mostraba señales de que su situación le resultara difícil en absoluto. Se sentía completamente fascinado con todo porque, pensaba, «esto es lo que ocurre cuando te mueres».

Realmente no sabemos cuál fue su experiencia. Pero la historia de ese hombre me recuerda que damos por hecho gran parte de nuestra experiencia. Y una consecuencia de ello es que la tememos. Nuestro miedo se basa en recuerdos antiguos y ocultos, en antiguos abusos que sufrimos. Hay traumas antiguos, olvidados, enterrados, que nos hacen reaccionar continuamente de forma incomprensible e interpretar nuestras experiencias y reacciones de un modo muy curioso y editarlas siempre de forma extraña para protegernos a nosotros mismos. Tememos muchas de nuestras experiencias, y ni siquiera sabemos por qué.

Al mismo tiempo, nos sentimos muy atraídos hacia otras «cosas». A veces se vuelve adictivo. Algunas de ellas representan comodidad, un escape de la infelicidad, y se pueden convertir en adicciones. Pero todo eso ocurre porque damos las cosas por hecho, y reaccionamos únicamente contra los árboles y los animales, los sonidos y los recuerdos, los olores y los sabores, los rostros, los cuerpos y los gestos de las personas. Damos por hecho que son del modo en que son, y por eso vivimos en una especie de prisión.

¿Cómo podemos, igual que ese indio americano, hacer que exista la fascinación en nuestras vidas? ¿Cómo podemos hacer que haya curiosidad en ellas? La respuesta comienza con la enseñanza de la meditación de ser amable y honesto. Una vez más, cada vez que digas «pensamiento» hazlo con mucha amabilidad, con mucha honestidad. Puedes llamar «pensamiento» a todo ese drama y ese miedo, a toda esa esperanza, a todo ese entretenimiento, a todo ese terror que acompaña a la historia que te has estado contando a ti mismo, sea cual sea, y lo puedes decir con el corazón. No olvides que todos los pensamientos se pueden considerar sueños. Para conseguir que haya fascinación en tu vida, recuerda que cuando sientas una especie de temblor porque no sepas lo que está ocurriendo, no hace falta que salgas corriendo, ni que intentes tener una respuesta que haga que lo desconocido parezca algo positivo. Utiliza la meditación. Practica la relajación. Suavízalo todo y mantente en tu puesto con esos sentimientos inciertos, inseguros, embarazosos y zozobrantes. Eso produce un gran bienestar.

De hecho, lo único que nos impide estar vivos, llenos de interés y ser dichosos, con una sensación de apetito por nuestras vidas, es no tener el valor de sentarnos quietos y relajarnos, relajar el estómago, los hombros, la mente y el corazón cuando nos sentimos tensos y doloridos, cuando estamos temblorosos. Cada vez que quieras hacer algo con tu vida, deja fluir. Deja fluir más. Suaviza. Así es como tu vida se volverá moldeable. Así es como tu vida se volverá *maravillosa*. Tenemos en *nosotros* la semilla de la espaciosidad y del asombro. Tenemos en nosotros la semilla de la calidez. La meditación alimenta y riega esas semillas.

Hay un espacio que parece estar ahí fuera, como el cielo, el océano y el viento, y hay un espacio que parece estar dentro. Podemos dejar que ambos se mezclen, que se disuelvan uno en el otro en un espacio mayor. La meditación consiste en permitir que haya mucho espacio. Consiste en aprender cómo conectar con esa espaciosidad que está dentro y la que está fuera. Consiste en aprender a relajarse, a suavizar, a abrirse, a conectar con la sensación de que realmente hay mucho espacio.

28

EL CAMINO
DEL BODHISATTVA

Desde el inicio de este libro hemos estado estudiando algo llamado *bodhicitta*. Se dice que Buda estaba sentado bajo el árbol Bodhi cuando alcanzó la iluminación. La palabra *bodhi* se traduce de muchas maneras, pero básicamente significa «estar despierto». En ocasiones se traduce como «iluminado». Significa un corazón y una mente abiertos por completo, un corazón que nunca se cierra, ni siquiera en las situaciones más difíciles y terribles. *Bodhicitta* transmite la idea de una mente que nunca se limita a sí misma con prejuicios, parcialidades o visiones dogmáticas que están polarizados en contra de las opiniones de otra persona. No hay límite para el *bodhi*, para su apertura fluida y que todo lo abarca.

La palabra *citta* significa «corazón y mente» –ambas cosas a la vez– «corazón-mente», como un todo. De modo que podrías decir que el *bodhicitta* es un corazón-mente despierto, un corazón-mente iluminado o un corazón-mente completamente abierto. Chogyam Trungpa Rinpoche solía utilizar la expresión «punto tierno» como sinónimo de *bodhicitta*. Decía que todos poseemos este «punto tierno; todos los seres vivos tienen su ternura». Sin embargo, en cierto modo, nacemos con la sensación de que hemos de protegerlo de los demás. Vivimos en un mundo donde pensamos que necesitamos encogernos y enmascarar esa parte nuestra que es tierna y suave.

La meditación nos enseña a nutrir el punto tierno, a volver a abrir nuestro corazón-mente, a permitir que el amor entre y salga con libertad.

Eliminar las barreras del punto tierno, disolver la armadura que hay a su alrededor, alrededor del corazón del *bodhicitta* (la cual, en realidad, nunca se cierra), no supone descubrir una respuesta final, una solución final en la vida. Después de todo, la apertura significa que necesitamos estar siempre dispuestos a ser flexibles y completarla a lo largo del camino. Siempre hay espacio para abrir más. Otra definición de *bodhicitta* puede ser «convertirse en una persona completamente cariñosa». Y personalmente si alguien pregunta: «¿Cuál es el objetivo de la práctica espiritual?», yo creo que al fin y al cabo practicamos, escuchamos todas esas enseñanzas, intentamos llevarlas a cada momento de nuestra vida para poder ser individuos completamente cariñosos. Y eso es lo que necesita el mundo.

Una de las cualidades del *bodhicitta* es la habilidad creciente de relajarse en la verdadera naturaleza de la realidad, que es incierta e impredecible. La vida es fundamentalmente, desde el punto de vista de una persona normal, insegura.

Pero desde el punto de vista de aquel que está cada vez más despierto, ya no lo es tanto. Siempre es incierta, siempre es impredecible, pero decir que es insegura ya no vale porque empezamos a sentirnos asentados y cómodos con la incertidumbre. La meditación nos permite adentrarnos cada vez más en la inseguridad hasta que la convertimos en nuestro terreno. Es tan incierta e impredecible como siempre, pero empiezan a gustarnos las sorpresas. La resistencia al cambio y a la novedad comienza a disolverse. La naturaleza de la realidad es completamente paradójica. No es *de esta manera* o *de aquella,* pero sin duda pensamos en visiones opuestas. Concretamos con nuestra mente, porque de ahí viene la seguridad: tomando terreno bajo nuestros pies y diciendo «es así». Cuando se lleva al extremo, se convierte en fundamentalismo. Fundamentalismo significa que te apegas a una visión y que serías capaz de luchar por ella. *Es así*, y de ninguna otra manera.

A medida que te relajas más en la incertidumbre y en la ausencia de base, descubres que tu corazón se va abriendo en la medida en que puedas adentrarte en las situaciones difíciles. Aunque parezca extraño, siento decírtelo, cada vez ves más el sufrimiento. Si acaso piensas que este es un camino que nos lleva a sentirnos como si estuviéramos en un lugar en el que todos parecemos querubines y tenemos alas y ya no hay dolor alguno, estás equivocado. Por el contrario, empiezas a comprobar que hay sufrimiento en el mundo, y cada vez lo ves más.

A medida que te iluminas, ves cada vez más cómo nuestras opciones perpetúan el sufrimiento. El iluminado desea que toda persona tenga más capacidad de ver qué es lo que intensifica el sufrimiento y qué es lo que lo atenúa. De modo que este trabajo de adentrarse o relajarse cada vez más en la ausencia de base, se convierte en algo que deseas para todo el mundo. Comienzas a oír ese mensaje.

La meditación es un proceso de transformación y no de estar cada vez más establecido en tu camino. Y como ya sabes, a medida que envejecemos, es muy normal que estemos cada vez más establecidos en nuestros caminos. Pero entonces te encuentras con personas que, por alguna razón, se están volviendo cada vez más flexibles y abiertas. ¿Qué tipo de persona quieres ser?

Con frecuencia el momento más poderoso del viaje espiritual es aquel en que el dolor se está haciendo muy intenso, en que sentimos que hemos llegado a nuestro límite y no podemos soportarlo más. Con frecuencia pensamos que la práctica espiritual se trata de *liberarse* de ese momento, pero en realidad de él surgen todos los patrones de concretar, de agarrar, de enredarse en todos esos hábitos para tratar de tener terreno bajo nuestros pies. De modo que en ese preciso momento podemos hacer algo *diferente*. Y al hacerlo podemos liberarnos. Hacer algo diferente significa *permanecer* con ese momento, hablar sobre él en términos de meditación, dejar que los pensamientos y las palabras se vayan y *sentirlo*, cambiar completamente nuestro punto de vista sobre el dolor y la dificultad y darnos cuenta de que son una ocasión excelente para la práctica espiritual. «*¿A eso llamas* una ocasión excelente?», dirás tú. Y te aseguro que lo es, porque la idea, hablando en términos sencillos, es que en ese momento o bien te endureces y te reafirmas en el antiguo patrón o bien te relajas y haces algo diferente. Y, con frecuencia, ese algo diferente, tal como he dicho, consiste simplemente en *permanecer*.

Por tanto, se dice que un gran sufrimiento te trae una gran compasión. Y siempre me ha llamado la atención esta frase porque lo habitual es que un gran sufrimiento traiga mucha amargura, mucha ira, un gran deseo de venganza y un gran endurecimiento. Tú puedes atrapar y valorar un momento de dolor y, en lugar de crear un gran sufrimiento, puede crear una gran compasión. En lugar de endurecerte en la venganza, lloras y comienzas a dirigirte al amor y la amabilidad, hacia ti mismo y hacia los demás. De modo que encontramos el amor en nosotros mismos, ese es el punto. No está *ahí fuera*. No se encuentra en una relación, ni en tener la relación «perfecta»; tampoco en nuestra carrera, ni en nuestro trabajo, ni en nuestra familia, ni en nuestro camino espiritual. Por otra parte, si empiezas a conectar con el hecho de que tienes ese buen corazón y eres capaz de nutrirlo y despertarlo, todo eso –tu carrera, tu familia, tu camino espiritual, tu relación...– se convierte en el medio para despertar el *bodhicitta*. Tu vida es eso. No hay otro lugar para practicar.

ÍNDICE